d

Hugo Loetscher

Die Fliege und die Suppe

und 33 andere Tiere in 33 anderen Situationen

Diogenes

Umschlagillustration: Fernando Botero
›Still Life with Green Soup‹, 1972 (Ausschnitt)

Der Autor dankt der Stiftung Pro Helvetia
für die Gewährung eines Werkjahres

60/89/8/2
ISBN 3 257 01810 X

Inhalt

Der Kater in der Mainacht

Sein schwarzes Fell besitzt einen Glanz, wie ihn Haustiere haben, die viel draußen an der Luft sind. Der Kater gelangt durch ein Schlupfloch ins Freie. Sein Freies liegt über den Straßen zwischen Dächern und verwinkelten Altstadtmauern. Hier klettert er, ein schwarzes Tier, über Abzugsrinnen, hier streicht er Geländern entlang, springt auf Simse und von denen auf Balkone und streicht um Töpfe mit Geranien und Kräutern. In diesem Revier hausten einst Tauben. Der städtische Taubenvernichter hat die meisten geschossen und die Stelle unter einem Dachvorsprung, die als Schlag diente, vergiftet; ein paar flüchteten sich auf ein Hinterterrässchen, wo sie weitergurrten. Doch der Kater hat sich auf diesem Stück Flachdach den Mauern genähert, rückwärts gehend, den Schwanz erhoben, der wie der Hinterleib zitterte, als er Harn verspritzte. Im Windschatten eines Kamins zu Füßen einer Fernsehantenne liegt er, sanft gebuckelt in sein schwarzes Fell gekuschelt, in seinem runden Kopf rötliche Augen. Die Lider scheinen ihm vor Langeweile zuzufallen, doch plötzlich ortet er eine Geräuschquelle und aus seinen Ohrmuscheln schauen weiße Härchen hervor. Dann gehen durch das glatte schwarze Fell lautlose Bewegungen. Der Kater schleicht sich an, er läßt die Hinterpfoten bis zum letzten Moment auf dem Kies, springt die Taube an und haut ihr die Säbel seiner Eckzähne ins Gefieder; er jagt das verwirrte Tier durchs offene Fenster ins Zimmer, wo der Vogel an die Decke stößt und der Wand entlang herunter fällt; der Kater wirbelt das Tier zwischen seinen Zähnen herum und springt dabei von einer Pfote auf die andere, rupft mit den Krallen an den Flügeln und beißt nach der piepsenden Gurgel. Bis der Katerbesitzer dem fauchenden Kater den Vogel aus den Krallen zerrt und die Taube auf den Balkon legt, wo sie sich röchelnd zu Tode flattert. Indessen scharrt und kratzt der Kater vor einer Kommode, hinter die eine Feder flog, an der Blut klebt. Die gesträubten Haare legen sich, und das schwarze Fell deckt den hellen Haaransatz zu. Der Kater irrt unter dem Tisch herum und streicht um einen Fauteuil. Er wetzt seine Krallen am Velours und zieht dünne Bahnen in den Stoff. Lang und schmal wird sein schwarzer Körper, als er, die Hinterbeine auf dem Teppich, die Vorderpfoten auf den Fenstersims stützt; unter dem schwarzen Fell zeichnen sich die Schulterblätter ab. Er kratzt an der Scheibe, seine Pfote gleitet quietschend übers Glas, und er verfängt sich mit den Krallen im Gittermuster des Vorhangs. Schräg hält er seinen Kopf und schaut nach draußen in die einfallende Mainacht; seine Augen werfen den Schimmer einer Laterne zurück. Bis er in seiner Lauer die Schnurrbarthaare hochstellt und seine Lippen leckt. Er läßt sich fallen und fängt mit den gepolsterten Ballen sein Gewicht auf, legt sich hin, die eine Hinterpfote senkrecht hochgestreckt, und fährt mit der Zunge zwischen die Beine, leckt sein schwarzes Fell und streichelt die Haare glatt. Am hochgestreckten Hinterbein wird an der schwarzbehaarten Pfote zwischen den Zehen ein weißes Büschel sichtbar, und wie er sich auf die Seite legt und alle Viere von sich streckt, zeigen auch die andern Pfoten solch weiße Haare. Doch dann rollt er sich ein, deckt mit einem Hinterbein das andere zu, bettet die Vorderpfoten an die Brust, legt Schultern und Kopf darüber und ist wieder nur ein schwarzes Tier. Sein Schnurren geht in einem leisen

Atmen auf, und ihn durchzuckt ein Seufzen, das sich unterm Fell im Körper verteilt; kurz schaut der Kater auf, blinzelt und sinkt erneut in Schlaf. Doch dann schnellt er hoch, macht einen Buckel und drückt den Kopf zwischen die Beine fast bis zum Boden, gähnt und zeigt ein gelangweiltes Gebiß. Er läuft los, durch den Flur ins Schlafzimmer, stoppt, schaut nach seinem Schwanz, beißt nach ihm und dreht sich ein paar Mal um sich selber, entdeckt ein zerknülltes Papier, bringt es mit den Pfoten zum Rollen, kriecht ihm unters Bett nach, läßt es rascheln und läßt es bleiben. Er mißt seine Schritte und geht zurück, den Schwanz aufrecht, das Ende spielerisch gebogen, unter dem schwarzen Schwanzansatz das helle Afterrund. Er hockt sich vor seinen Napf, hält das Fleisch mit den Vorderpfoten fest, reißt Portionen ab, wirft mit jedem Bissen den Kopf zurück und raspelt mit seiner Zunge am Knochen. Bevor er die Küche verläßt, bleibt er an der Tür stehen und reibt sich den Rücken am Pfosten. In der Stube verweilt er einen Moment und legt sich hin. Sein Körper wird länger und schmaler, weil er mit ihm zugleich die Vorder- und Hinterbeine streckt und die Krallen aus den Hornscheiden schnellen läßt. Er wälzt sich, wohlig und wollüstig, hebt den Kopf und schaut in alle Richtungen, legt den Kopf in den Nacken, reibt ihn am Boden, streichelt sich selber mit dem Flor des Teppichs und macht mit dem Unterleib stößige Bewegungen. Er zeigt den Bauch in seiner ganzen Länge. Nur bis unterhalb des Halses reicht das schwarze Fell, von da ab färbt sich die Brust auf bis zwischen die Hinterbeine. Gelbliche, rote und braune Haare stehen ab, wirr durcheinander, einzelne Haare weisen gleichzeitig die verschiedensten Farbtöne auf. Dieses kunterbunte Stück Bastardfell des schwarzen Katers erinnert an die lauen Maimonate seiner

Vorfahren, als die Katzen in der Nacht von den Dächern riefen und die Männchen in ihr rauhes Jaulen und Heulen ausbrachen, zu den Weibchen hinaufkletterten oder sie herunterlockten, als die Katzen nach der Begattung fauchten und mit den Pfoten nach den Männchen schlugen, als diese Köpfchen gaben, und die Weibchen von neuem stillhielten, und als das Männchen beim Erguß die Kätzin in den Nacken biß. Dem schwarzen Kater, der sich auf dem Teppich räkelnd liebkost, deckt das farbengeile Fell die Narbe zu, die sich bildete, wo ihm die Hoden weggeschnitten wurden.

Das Huhn und das Sonnenlicht

Es kennt nicht den Frühling, der den Boden auftaut, so daß die Erde nachgibt und das Scharren ermöglicht. Doch das Huhn scharrt auch in dieser Bestallung. Wie den kalten Tagen keine folgen, die weniger frisch sind, lösen keine warmen die lauen ab. Der Boden kommt mit trocknender Wärme nicht zu Staub, in dem es baden würde; trotzdem wälzt sich das Huhn. Da es keine Jahreszeiten kennt, gibt sein Boden keine Würmer her, wenn es scharrt, und es laufen keine Käfer über ihn, denen es nachlaufen könnte, die Luft ist nicht voll Samen, und es liegt auch nirgendwo ein Stück Holz oder Papier, das es anpickt. Die Rinne wird regelmäßig nachgefüllt, mit Preßfutter und einem Mehl, das nach Fisch riecht. Das Huhn frißt sich satt. Der Magen ist so rasch gesättigt, daß die Beine es nicht realisieren und weiter auf Nahrungssuche gehen. So pickt das Huhn an einer zufälligen Nachbarin, rupft ihr eine Feder aus, läßt diese zu Boden fallen oder schluckt einen Flaum. Oder es hebt ab vom Boden, flattert los auf ein Insekt an der Wand, auch wenn dieses nur ein schwarzer Punkt ist. Es setzt auch hier drinnen die Füße abwechslungsweise voreinander; aber plötzlich möchte es nicht nur gehen, sondern laufen und dazu mit den Flügeln schlagen, doch dann kommt es mit denen ins Gedränge, die ihrerseits mit ihren Flügeln ausholen. Und wieder steht es auf einem Bein und kratzt sich am Kopf. Hört es den Schritt des Angestellten, läuft es zur Tür und jagt die andern, die auch zur Tür wollen. Erscheint der Mann, knickt das Huhn in den Gelenken ein, bildet mit Kopf, Hals und Rücken eine gerade Linie und hält die Schwanzfedern leicht nach unten geneigt. Ob der Mann zur Begrüßung das Huhn gänzlich zu Boden drückt oder es unbeachtet läßt, nach dem Sich-Ducken richtet es sich auf, schüttelt sich und seine aufgeplusterten Federn, als wäre es von einem Hahn bestiegen worden. Wie es keine Jahreszeiten kennt, kennt es auch keine Tagesrhythmen. Den Tag eröffnet nicht ein Gockel, der mit seinem Krähen die Sonne weckt, sondern eine Schaltuhr macht Licht. Die Lampe geht nicht auf und nicht unter, sondern an und aus. Nur einmal, als aus Versehen eine stärkere Birne eingeschraubt wurde, legte sich das Huhn zum Sonnenbaden hin. Aber dann kehrte das Licht mit weniger Watt zurück. Und wieder war es in der Frühe schummrig und schummrig am Mittag, der Abend war dämmrig wie die vorangegangenen Stunden, die dämmrig waren wie die vorangegangenen Tage. Zwölf Stunden dauert der Tag, und an diesen langen Tagen schüttelt das Huhn zwischendurch den Kopf. Es sucht Material für ein Nest, das bereits existiert und ohne sein Dazutun gebaut wurde. Wie lange es auch scharrt, es legt keine Mulde frei. Es pickt von den Kehllappen eines andern Huhns Futterreste, zerrt an seinem Kamm, klettert auf ein drittes und bleibt kurz oben stehen. Wenn es von der Futterrinne zum Trinknippel wechselt, verdrängt es andere, die sich dort drängen, und an der Rundtränke wird es von andern beiseitegeschoben und zur Futterrinne zurückgestoßen, und auf diese Weise drehen sie sich im Kreis und rotieren. Jedes Tun und jeden Tag aber begleitet es mit Gakeln, mit dem »geek« und »gaik« des Hackaufschreis und dem rangverkündenden »ga-gaak«. Unvermittelt steht es da, die Flügel in Spreizstellung, ohne diese aufzufächern, plötzlich stößt es mit beiden Füßen ab, läßt die Krallen nach vorn schnellen und versetzt einem andern Huhn Tritte. Wird es selber gehackt, setzt es zur Flucht an, aber es gibt keinen schützenden Ort, da der Käfig als Ganzes Schutz ist. Dann läuft das Huhn einer Wand entlang, den Kopf gegen die Mauer gerichtet, als gälte es etwas zu erlauschen. Die Henne, die sich ihm in den Weg stellt, holt mit ihren Flügeln aus und schlägt sich an der Mauer einen Knochen lahm. Nun läuft das Huhn gegen das Gitter an; obwohl es nicht weiterkommt, laufen die Beine weiter. Es versucht hinauszusteigen, drückt sich gegen zwei Stäbe, der Schnabel und der vordere Brustkorb gelangen ins Freie, wo hinter dem Bedienungsgang der nächste Käfig beginnt. Und dann steht das Huhn wieder da, läßt den Kot auf ein Blech fallen, pickt am Isolierkitt und kratzt sich am Kopf und zupft an Federn, deren Spitzen abgebrochen sind. Und es ordnet sich ins Drängeln ein. Bis es seinen Kopf anzieht, ihn nach hinten wendet, den Schnabel unter die Flügel steckt und wartet, bis die Schaltuhr Nacht einschaltet. Aber einmal hat das Huhn das Sonnenlicht erblickt. Als es mit andern in ein Transportgitter gescheucht wurde und sich dort in eine Ecke duckte, wo kein Platz zum Sich-wenden und zum Aufstehen war. Diese Kiste stand in der Mittagshitze draußen unterm Firmenschild, auf andere gackernde Kisten gestapelt, die ebenfalls auf den Verlad warteten. Ein Strahl drang durch das Gitter und traf das Huhn. Es schloß die Augen und öffnete sie gleich wieder, bewegte seine Lider auf und ab, zuckend und schauend. Das Huhn drückte seinen Hals durch zwei Stäbe; noch nie waren sein Kamm und seine Kehllappen so rot gewesen. Es zwängte seinen Kopf durch und pickte nach dem Licht. Die Sonne schlug in seine Augen wie ein Blitz. Später folgt der Schlag des elektrischen Bolzens und danach der Haken an der Laufschiene, der zum ersten Mal halt macht bei der Rupfstation.

Die achtunddreißigste Ameise

Sie hat keine Flügel, ihr Geschlecht ist verkümmert, und sie arbeitet im Außendienst. Sie ißt gemischte Kost. Dank des Oberkiefers kann sie kauen und dank des Unterkiefers saugen. Sie liebt ebenso kleine Kerbtiere wie den Saft der Pflanzen. Besonders mag sie Ölreiches und Süßes. Aber sie frißt nicht für sich allein. Hat sie Nahrung gefunden und diese zerkleinert, füllt sie ihren Kollektivmagen, kehrt mit vollem Kropf nach Hause zurück und hält in der Kolonie ihre geöffneten Kiefer hin; was sie aus dem Kropf würgt, nehmen ihr die Gefährtinnen ab und reichen es weiter. Sie selber behält für sich nur soviel wie sie braucht, um kräftig genug zu sein für ihre Arbeit im Außendienst. Sie war aus einem der Sommereier geschlüpft, die nicht viel Polplasma aufweisen und aus denen nur Arbeiterinnen hervorgehen; sie wurde auch nicht mit Ameisenmilch großgezogen, doch hat sie später als Arbeiterin genügend Nahrung nach Hause gebracht, daß Nestgefährtinnen in ihren Fettzellen Reserven anlegen konnten, mit denen diese die Brut fütterten. Ohne Komplikationen hatte sie als Larve die verschiedenen Häutungen durchgemacht. Wie es sich für ihre Rasse gehört, hatte sie die Exkremente in einem Kotsack gesammelt und diesen ausgestoßen, als sie anfing, sich in Gespinstfäden einzuwickeln. Sie wurde eine der Arbeiterinnen-Puppen, die kleiner sind als die der andern Kasten. Sie gab wie vorgesehen eines Tages ihre bauchwärtsgekrümmte Lage auf, streckte sich und ließ erkennen, daß sie zu Maulwerkzeug, Flügeln und Beinen ansetzte. Bis sie sich aus der

Hülle befreite. Nach dem Schlüpfen war sie mit einem Minimum an Zeit ausgekommen für die endgültige Ausfärbung und Härtung ihrer Körperdecke. Kaum war sie, dank ihrer geschnürten Taille und dem Hinterleibsteilchen, voll bewegungsfähig, hatte sie ihre drei Paar Beine in den Außendienst gestellt. Als sie zum ersten Mal eine Nahrungsquelle gefunden hatte, war sie, ob der Entdeckung erregt, in die Kolonie zurückgekehrt und hatte mit dem Zittern ihrer Fühler die andern angesteckt, welche mit ihren Fühlern die Zitternachricht weitergaben. Sie waren gemeinsam aufgebrochen, und sie war im langen Zug unter den ersten. Sie legte den gleichen Weg noch unzählige Male zurück, markierte aber auch neue Straßen, sich nicht nur nach dem Geruch orientierend, sondern auch nach einer Wurzel und sicher nach dem Sonnenstand. Lediglich bei Regen arbeitete sie nicht im Freien. Den großen Umbruch brachte der Winter, den sie, einem wärmeliebenden Volk angehörend, im Bau verbrachte; dort half sie die Wände abdichten und sorgte dafür, daß die toten Mitbewohnerinnen auf den Abstellplatz transportiert wurden. Mit dem Frühling kamen die Reparaturarbeiten, und sie strich mit ihrem Speichel die Innenwände glatt. Sobald es die Wärme erlaubte, begann sie wieder ihre Arbeit im Außendienst, mit neuer Emsigkeit Nahrung suchend. Doch als sie eines Tages, rückwärts gehend und einen abgebrochenen Zweig schleppend, diesen ins Nest bringen wollte, wurde nichts mehr für den Ausbau benötigt. Der Verputz des Klosters sollte erneuert werden, und neben dem Gemäuer ging ein Gerüstpfahl mitten durchs Nest, von der Kuppel bis in die unteren Kammern. Alle Späher liefen durcheinander; die Ameise kletterte am Pfahl hoch und verspritzte Säure gegen eine Eisenklemme. Doch dann beteiligte sie sich an der Rettungsaktion. Da sich einige Larven mit ihren Borsten ineinander verhakt hatten, konnte sie pro Mal mehr als nur eine in Sicherheit bringen; sie buckelte Larven und Jungpuppen, bis es nichts mehr zu holen gab im einstigen Nest. Sie half beim Bau der neuen Kolonie, den Oberkiefer als Schaufel benutzend und den geöffneten Kiefer als Zange einsetzend. Und es entstanden Kammern und Gänge unter dem flachen Stein, wohin die Königin als erste gerettet worden war. Das Geschlecht der Königin war nicht verkümmert, sie verfügte über einen Millionenvorrat an Samenfäden und hatte einst auch Flügel besessen, doch diese nach der Begattung abgebrochen. Mit diesen Flügeln war die Königin an einem schwülen Spätnachmittag zum Hochzeitsflug aufgestiegen und hatte sich, weit oben, neben einer Kirchturmspitze, von Schwalben bedroht, begatten lassen. Und diese einst geflügelte Königin hat im Hinterleib Geschmacksdrüsen; was diese absondern, verströmt den Duft, der dem Volk Zusammenhalt gibt. Unter denen, die sich vor dem After anstellen, um von der süßen Ausscheidung zu kosten, ist auch die Ameise vom Außendienst. Nachdem sie hinten an der Königin geleckt hat, macht sie sich wieder an die Arbeit, fürs Kollektiv eine Futterquelle suchend, auf einer Straße, die noch zu markieren ist. Diesmal ist sie im Zug die achtunddreißigste Ameise, vor ihr die siebenunddreißigste Arbeiterin und hinter ihr die neununddreißigste.

Der Gaukler im Aquarium

Seine Tiefsee liegt im dritten Stockwerk eines Miethauses. Dreizehn Jetstunden von dem Riff entfernt, wo seine Gattung laicht, ein Flug, den er trotz Sauerstoffmangel im Behälter besser überstanden hat als manche, die mit ihm an der gleichen pazifischen Küste verladen worden waren. Allerdings brachten sie ihn, nachdem er den Zoll passiert hatte, vorerst in eine Tierhandlung. Dort kam er in ein Großaquarium, wo bereits ein Dunkelblauer Gelbschwanz schwamm und andere Barsche, und als ein Kaiserfisch auf ihn losfuhr, stellte er die Stacheln seiner Rükkenflossen; aber dann verschwand der Kaiserfisch nach oben und ebenso der Doktorfisch mit seinen Skalpellen an der Schwanzwurzel. Wer immer auch das Wasser mitbewohnte, ob solitär oder im Schwarm, der Gauklerfisch zog seines Wegs. Draußen vor dem Glas, in der gleichen Auslage, ein Tretrad mit einer weißen Maus, Hamster, die sich in eine Ecke drängten, und Schildkröten, die durch Salatblätter krochen, an den Panzern der andern hochkletterten und abrutschten. Darüber ein Wald von Käfigen und Kanarienvögel drin und, an einen Metallring gekettet, ein Papagei, der seinen Schnabel wetzte. Inmitten all der Tiere mit ihren Preisetiketten steuerte der Gauklerfisch in die eine Richtung und dann in die andere und wieder zurück. Bis ihn ein Netz herausholte, und er einmal mehr an der Luft zappelte. Diesmal transportierten sie ihn in einem Plastikbeutel, an den er mit jeder Erschütterung schlug. Und er wurde in einer Zimmerecke in eine Unterwasser-Landschaft entlassen. Die Versatzstücke für sein definitives Meer hatte das Geschäft geliefert, wo auch er erworben worden war, Kalkkorallen, einige Stücke aneinander geklebt, die meisten Korallenskelette lose, weil auf diese Weise leichter herauszunehmen, im Aquarium aufeinandergeschichtet, so daß unten eine Höhle entstand, nicht so groß, daß sich der Gauklerfisch hätte verstecken können, aber doch ein Spalt, worin er seinen Kopf bis zum weißen Streifen über den Augen verbirgt. Zu dieser Dekorlandschaft gibt es ein Pendant, im Moment zum Entalgen und Säubern in einer Natronlauge, damit sie beim monatlichen Landschaftswechsel wieder frisch geputzt erstrahlt. Ein Kontrast zum dunklen Grund, der regelmäßig gelockert wird, einem Lavakies, von dem sich auch die gelbe Mondsichel des Gauklers abhebt, wenn er Pause macht und schwebt und sich nur darauf zu beschränken scheint, aus den Kiemen Wasserstrahlen auszustoßen. Das Becken ruht auf einem Ständer, der seinerseits auf einer verstärkten Truhe steht, deren Palisanderfurnier gegen Wasserflecken versiegelt wurde. Der Ständer hat verstellbare Füße, so daß Beckenrand und Wasserspiegel parallel sind. Das Wasser kommt aus dem Hahn im Badezimmer, wenig chloriertes Trinkwasser, dem Meersalz der Marke ›Instant Ocean‹ beigefügt wird. Das Meerwasser wird in einem Eimer angesetzt und schüsselweise zugeschüttet. Eine Spindel gibt den Grad der Mischung an, so daß der Gaukler in der ihm bekömmlichen Salzigkeit schwimmt. Er schwimmt zur Seitenscheibe, dahinter Bücher, und in einem geschnitzten Rahmen das Photo eines lächelnden Hochzeitspaars; der Gaukler schleicht der Scheibe entlang und dreht um und schwimmt zur Gegenseite, hinter der andern Scheibe eine Lackdose, ein Fußballpokal, an dem ein Lorbeerkranz hängt, und, ein Zifferblatt in der Mähne, ein liegender Löwe aus Marmor. Dann treibt sich der Gaukler zur Rückwand, auf deren Außenseite ein Pappkarton angebracht ist, der blau ins Wasser schimmert. Der Gauklerfisch zieht seine Wege in heimatlicher Wärme, die ein Regelheizer kontrolliert. Die Wärme kommt aus dem Stromnetz. Am Stecker sind auch die Kabel für die Pumpe, den Filter und das Licht angeschlossen und die für den Fernsehapparat und die Stehlampe draußen. Der Gauklerfisch schlängelt sich um den Dolomitenstein, hinter dem der Filter versteckt ist und wo in einer Ecke der Sauerstoff aufperlt und wo die Luftblasen an der Oberfläche platzen. Der Gaukler schleicht sich in den Algenwuchs, und zwischen dem buschigen Grün und den Sprossen wird das Rotbraun seiner Schuppen sichtbar und die schwarzen Flecken darauf. Er treibt sich nach oben zur Öffnung in der Scheibe. Das Trockenfutter, von einer Hand ins Wasser gestreut, saugt sich voll. Der Gaukler schnappt und schwimmt den Flocken nach, die nach unten sinken und sich langsam auflösen. Über der salzverkrusteten Scheibe eine Lampe, so angebracht, daß ihr Licht schräg ins Aquarium fällt, auf diese Weise Algen und Korallen modellierend; damit bekommen auch die harten Rückenflossen Kontur, und wenn der Fisch durchs Wasser gaukelt, sind die aufgefächerten Flossen lichtdurchstrahlt. Er zuckt mit dem Schwanz und vollführt seine Kapriolen. Er schwimmt in der einen Richtung und wieder in der andern, ob das Licht von oben einfällt oder die Morgensonne kurz von der Seite hereinscheint, ob nur die Lampe über ihm eingeschaltet ist oder ob auch draußen Lichter brennen. Ob draußen eine Männerstimme aufbegehrt, ein Stuhl gerückt und eine Tür zugeschlagen wird, ob draußen eine Frau sich in den Sessel fallen läßt und ein Taschentuch in der Hand zerknüllt, ob niemand vor dem Aquarium steht oder ob ein Kind sein Gesicht gegen das Glas drückt. Der Gaukler steigt vom dunklen Grund auf und öffnet seinen stummen Mund. In der Scheibe spiegelt sich ein Bildschirm, auf dem ein Fort in Flammen aufgeht und von dessen Balustrade ein Soldat stürzt, das Gewehr in der Hand. Dank seiner Rükken- und Bauchflossen das Gleichgewicht haltend, zieht der Gaukler seine Wasserspur in einem Meer von zweihundert Litern.

Die Maus auf dem Friedhof

Ihr Vater war einem Stück Speck erlegen; als die Falle zuschnappte, durchschlug ein Eisenhaken sein Genick. Ihre Mutter, schwer verletzt von Krallen, hatte sich in eine Ecke geflüchtet, in der es kein Mauseloch gab. Manche ihrer Geschwister hatten sich an bunten Pillen gütlich getan und waren unter Krämpfen piepend gestorben. Sie selber hielt sich am Ende an einen Gottesacker. Sie war in der Nähe eines andern Friedhofs aufgewachsen. Dort hatte sie gelernt, sich durch Holzsärge durchzunagen und sich nicht bei Schnallen und Gürteln, bei Zähnen und Ringen aufzuhalten, sondern über gefaltete Hände in Ärmel zu kriechen oder in Hosenbeine zu schlüpfen und sich nicht in einem Totenhemd festzubeißen, sondern diesem entlang zu laufen bis zum Rücken, der unverhüllt war. Doch in dem Friedhof wurde das Krematorium um einen Ofen erweitert; es wurden immer weniger Gräber geschaufelt, dafür Urnen in Nischen eingemauert. Einmal noch hatten sich die Mäuse bis zur Abdankungshalle durchgenagt, wo eine dieser Urnen stand; sie waren dagegen angesprungen, bis diese umfiel und aus einem Spalt Asche rieselte; sie waren durch die Asche geflitzt und hatten auf dem schwarzen Samt Spuren hinterlassen; sie waren hinterher grauer gewesen als sonst, und das gegenseitige Putzen hatte länger gedauert als üblich. Dann hatte sich die Familie, kurzschnäuzig und langschwänzig, auf den Weg gemacht, unter dem Portal hindurch, unbemerkt von den beiden Engeln, die Wache hielten. Die Mäuse sahen sich zunächst in einem Supermarkt um. Das Angebot war überwältigend, sie verteilten sich auf alle Rayons und trafen sich wieder in der Abteilung ›Tiernahrung‹, wo sie sich quietschend an die Katzenbiskuits machten, jenen den Vorzug gebend, die nach Leber und nicht nach Fisch schmeckten. Aber sie verrieten sich, und nicht nur, weil sie überall ihre Kügelchen hinterließen. Ihr Vater ging in die Falle. Bei seinem Tod war nur ein metallenes Schnappen zu hören; die andern wurden mit Spray gejagt, und eine Schwester kletterte in einen großen Behälter, kam nicht mehr hoch und verhungerte zwischen Speiseeis. Auf der Weitersuche gerieten sie ins Untergeschoß einer Bank. Im Atomschutzbunker huschten sie auf die Gestelle mit Notvorrat, aber nur wenige Pakete enthielten Eßbares, die meisten waren Attrappen. Und einer aus der Familie verhungerte, weil er sich in den Tresorraum eingeschlichen hatte; dort gab es nur Nummern zum Knabbern, und an den Goldbarren war nichts zu holen, solange er auch daran kratzte. So zogen sie um in ein Mietshaus; dort waren die Keller gut durchlüftet, trocken und warm. Aber es lagen bloß leere Flaschen herum, und es fanden sich nur alte Möbel und Stapel von Zeitungen. Einer der Brüder hatte eine Leitung angenagt und war vom elektrischen Strom erschlagen worden; nie zuvor hatte ein Verwandtentod einen solchen Schock ausgelöst wie der Kurzschluß des Bruders. Nicht schlecht erging es ihnen in der Nähe einer Imbißstube. Da lagen in den Abfallsäcken nicht fertig gegessenes Obst und kaum angebissenes Brot, das schmeckte, obwohl Ketchup und Senf daran klebten. Aber die Mäuse verrieten sich, weil jeweils am Morgen die Abfälle verstreut herumlagen, und so wurden Eimer mit Deckeln aufgestellt, die nicht in einer Nacht und auch nicht in zweien zu durchnagen waren. Einige Mäuse probierten die Plastiksäcke aus, die für die Abfuhr vor die Häuser gestellt wurden, aber sie stießen nur auf Verpackungsmaterial und Konservendosen, an denen sie sich das Maul aufrissen. Diesmal zogen sie ins Grüne. In den Einfamilienhäusern verstopften die Leute die Löcher mit Stahlwolle, deren Späne den Magen aufschlitzten, und sie hielten sich Katzen, die nicht nur Mäuse fingen, sondern auch mit denen spielten, die sie angebissen hatten; lange war das Schreien der Mutter zu hören gewesen. Sie brachen erneut auf und kamen zu einem Portal, auf dem eine Frau saß, ihren Arm aufs Knie gestützt und ihr Gesicht hinter der Hand verbergend. Hier standen Hügel um Hügel und Reihe um Reihe Holzkreuze, lauter Frischgräber, um die herum die Erde locker war, so daß die Maus sich bequem durchwühlte und auf die Särge ihrer Jugend stieß. In diesem Friedhof gab es auch einen Komposthaufen, darauf nicht nur Unkraut und Laub, sondern Sträuße, Blumenarrangements und Sargbouquets. Aus den Kränzen holte die Maus Holzwolle und polsterte damit ihr Nest, so daß die jungen blinden seidigen Mäuse sich wohlfühlten. Auf dem Komposthaufen hatte sie sich auch begatten lassen, im Schutz eines silberdurchwirkten Trauerflors. Auf diesem Friedhof waren Alleen angelegt, gesäumt von Zypressen, Tannen und Eichen; es fanden sich genug Samen und Nüsse, und an einem Teich wuchsen Buchen, Weiden und Haselbüsche und auf den Familiengräbern Weißtannen. Mit einer Bimmelglocke kehrte am Abend Ruhe ein. Auf den Wegen war vielleicht noch ein Igel unterwegs, man mußte sich nicht vor der Katze, sondern vor der Eule in acht nehmen. Die Maus hatte unten im Gemäuer der Totenhalle ihr Nest gebaut; dort hörte sie, wenn die Orgel spielte; sie mußte die Kleinen daran hindern, hinauszukriechen und zum Choral zu tanzen. Aber nicht nur über ihrem Nest machten sie Musik; oft sang an einem offenen Grab ein Chor oder eine Kapelle blies einen letzten Marsch. Die Mäuse, die zuhörten, saßen hinter Kreuzen und Grabsteinen, gaben acht auf die Gärtner und Wärter, die mit ihren Spaten nach ihnen stachen oder ihnen ihre Schaufeln nachwarfen. Fast jeden Tag wurde eine Erdbestattung abgehalten. An einer solchen Trauerfeier hatte die Maus konvertiert. Sie brachte sich und ihre Brut damit durch, daß sie sich in der Not an katholische Leichen hielt.

Der Pudel auf der Schönheitskonkurrenz

Er hält sein klar geformtes Köpfchen hin und stemmt sich gegen die rutschfeste Matte; wenn er einem Befehl gehorcht, dann dem »Hübschmachen«, dem »Schön schön Hübschmachen«. Das hatte der Pudel auch am Vortag im Salon der Coiffeuse getan. Sie hatte ihm Borsalbe ins Gesicht gestrichen, damit kein Seifenwasser in seine mandelförmigen Augen floß. Als er angeduscht wurde, hatte er gezuckt, aber dann seine gut bemuskelten Lenden den Frauenhänden hingehalten, die Shampoo einrieben und seine silbrige Haut massierten. Wie er abgespritzt wurde, hatte der Badeschaum an seinen Beinen zusätzliche Manschetten gebildet. Noch naß, das Fell an die Haut geklebt, hatte er einem Jagdhund geglichen; er hatte mit kurzem Bellen verlangt, man möge den Fön eine Stufe tiefer schalten; doch dann hatte er den wohligwarmen Wind genossen und stillgehalten, als sie ihn mit einem schmuseweichen Frottiertuch an jeder Stelle trocken rieben, damit sein fülliges Wollfell nicht verfilze. Er hatte auch ausgeharrt, als ihm die Coiffeuse mit einem Rasierapparat das Gesicht freischerte, damit nicht die Zotten in die Augen hingen und diese zum Tränenfluß reizten. Und wieder hält er hin, aber diesmal dem eignen Frauchen, das mit einem weit gezackten Kamm durch sein Fell fährt, das Haar egalisiert und mit der Effilierschere die letzten Korrekturen anbringt. Er hört gleich auf, sich zu schütteln, als sie ihm mit einem Wattebausch die äußeren Gehörgänge reinigt. Während er sich auf die Matte stemmt, spreizt er seine Krallen, die vorschriftsmäßig schwarz sind. Neben der Matte auf dem Tisch liegen Flohhalsband und Zeckenzange, und weiter weg der Ahnenpaß, darin die Angaben über seinen Zwinger und Wurftag, mit dem Eintrag ins Pudelbuch, Adalbert von Finkelburg, Adi gerufen. Im Leistungsbuch ist eingetragen, in welchen Disziplinen er sich bewährt hat: im Hürdenspringen, im Ablegen, im Warten, bis Frauchen kommt oder Frauchen ein Zeichen gibt, und alles nach Punkten bewertet. Ferner der Impfschein, der bestätigt, daß ihm weder Tollwut noch Staupe etwas anhaben können. Und dann die Formulare, die noch ausgefüllt werden müssen. Diesmal geht es nicht an die Clubkonkurrenz, sondern an ein nationales Champion-Treffen, und dafür liegen auch die Teilnahme-Bestätigungen bereit; schon mit sechs Monaten hat er an der Ausscheidung der Jüngsten teilgenommen und drei Monate später bereits an der Junghunde-Schau, wo ihm bestätigt wurde, daß er ein stets fröhlicher Individualist sei. Nachdem Frauchen ihn ausgebürstet und ausgekraust hat, verabreicht sie ihm zur Nervenkräftigung und zur Konditionsstärkung einen Löffel Lebertran, dem Weizenkeimöl beigemischt ist. Im freien Sprung begibt er sich auf den Teppich zurück und geht zu seinem Stammplatz, den plastikharten Apportierknochen in Form eines Gartenzwerges nicht beachtend, der neben seinem Körbchen liegt. Der geflochtene Rand ist an einer Stelle angeknabbert, noch aus der Zeit des Zahnwechsels und der ersten Entwurmung, als sie ihm unter den Schaumgummi einen Wecker legten, dessen Ticken an den Herzschlag der Mutter erinnerte, von der sie ihn sehr früh getrennt hatten. Er rückt sich zurecht auf der abwaschbaren Spreumatratze, erhebt sich aber gleich wieder und gähnt. Er zeigt seine zweiundvierzig Zähne, die mit Schlämmkreide und Zitronensaft geputzt worden sind, und er zeigt, daß er weder Überbiß noch Vorbiß aufweist. Er streckt seinen Körper, der den Standardbestimmungen vom Mai 1976 entspricht; mit seinen bis zur Schulterhöhe vierundfünfzig Zentimetern ist er ein Großpudel und wird nach den kynologischen Satzungen den Nutzhunden zugerechnet. Er wedelt, und er stellt, die Hinterhände richtig gewinkelt, den Schwanz mit dem Pompon; er wird die Rute aufrechthalten, wie trainiert, wenn er vorgeführt und geprüft wird, im Stand und von der Bewegung aus. Er macht einige Schritte auf dem Teppich und übt sich im tänzelnd-leichten Gang, jede fließende Bewegung meidend und mit den Beinen nicht ausholend, da dies nicht zur Gesamterscheinung seiner Rasse passen würde. Er trägt sein Haarkleid in Locken, eine Schur, die ihn einem Löwen gleich macht. Sein Hinterteil ist bis zu den Hüften geschoren. Die Tondeuse der Coiffeuse hat auch den Fang freigelegt und die Manschetten an den vier Beinen abgestimmt. Wie es diese Schur verlangt, ziert ein kleiner viriler Schnurrbart die Oberlippen. Die Ohren, die unten in Fransen auslaufen und an den Wangen flach anliegen, reichen genau bis zu den Mundwinkeln, die Voraussetzung, um für seinen Behang das Prädikat ›Vorzüglich‹ zu erhalten. Mit seinem schwarzen Nasenspiegel schaut er, ganz Naturell, zu Frauchen hoch, das die Silbermünzen an seiner Leine poliert. Er beschnuppert die Transport-Box, in der er zur Schau in die Turnhalle gebracht wird, wo er neben seinem Frauchen durch den Ring marschieren und kein Zeichen von Angst oder Rauflust zeigen wird. Aber vorher, so mahnt er, möchte er sein kleines und sein großes Geschäft erledigen. Er wird mit leerer Blase und entleertem Darm vor seine Richter treten. Nichts ist der Schönheit bei ihrem Auftritt so abträglich wie Harn- und Kotdrang.

Das Maultier im Militärdienst

In Frage kommen nur tretsichere Tiere, da ihnen im Gegensatz zu den menschlichen Truppenmitgliedern das Treten nicht wegexerziert werden kann; nicht nur Schläger, auch bösartige Beißer sind auszuschließen, ebenso Tiere, die eine konstitutionelle Trägheit beim Ziehen und Tragen aufweisen. Einmal in den Armeeverband aufgenommen, bildet das Maultier einen vollwertigen Bestandteil der Gesamtverteidigung. Vorgängig ist es einer veterinär-medizinischen Eignungsprüfung zu unterziehen, wobei jeder Körperteil auf seinen möglichen Einsatz hin untersucht werden soll, insbesondere ist auf eine breite, tiefgewachsene Brust zu achten, auf korrekte Stellung und auf einen ruhigen, raumgreifenden Gang. Zudem ist eine Mindesthöhe von 154 Zentimetern unerläßlich, das Maultier muß vier Jahre alt und darf nicht älter als sechzehn sein. Importtiere, die noch nicht drei Monate im Lande stehen, haben keinen Anspruch auf eine Tauglichkeitsprüfung. Als Maultier gilt eine Kreuzung aus Esel (Hengst) und Pferd (Stute). Die Deckung ist im staatlich anerkannten Hengste-Depot vorzunehmen. Vor jedem Dienstantritt (z.B. Wiederholungskurse, Mobilmachung etc.) wird das Tier eingeschätzt und bei jeder Entlassung wieder abgeschätzt. Sollten sich Differenzen ergeben, die über das Normalmaß des biologischen Verschleißes hinausgehen, und sollten diese Differenzen sich für Tier und Tierhalter als nachteilig erweisen, kommen für die Entschädigung Tarife zur Geltung, wie sie im Reglement über Dienstleistungsprämien festgelegt sind.

Das Maultier kommt vorzugsweise im unwegsamen und rollmaterial-feindlichen Gelände zum Einsatz, daher gelten die Verordnungen der allgemeinen Alpenstrategie. Das Maultier wird in speziellen Trainzügen Gebirgskompanien zugeteilt, kann aber auch bei Sanitätseinheiten für Kranken- und Verwundetentransporte verwendet werden. Da das Maultier weniger feuerscheu ist als das Pferd, darf es mit Sondergenehmigung für Löschzüge aufgeboten werden. Die erste Aufgabe des Maultiers aber bleibt die eines Last- und Zugtieres; es sollte nur in äußersten Notsituationen als Reittier Verwendung finden. Für den Transport von Munitionskisten, Proviantpackungen und Allzwecksäcken ist der genormte Bastsattel mit den sechzehnlöchrigen Riemen zu benutzen. Über das Limit von Lasten orientiert ein eigenes Merkblatt, das in allen Zeughäusern aufliegt. Beim Belasten müssen die jeweiligen topographischen Bedingungen mitberücksichtigt werden. Das Anpassen der Beschirrung hat mit besonderer Sorgfalt zu geschehen, damit nicht wegen Überdruck Wristwunden entstehen. Damit das Tier im Ernstfall seinen Verteidigungsauftrag vollumfänglich erfüllt, sollte es in Friedenszeiten an Knall- und Explosionsgeräusche gewöhnt werden, ansonsten es sich im Ernstfall als störrisch erweisen und den ordnungsgemäßen Ablauf der Kampfhandlungen beeinträchtigen könnte. Zum Ausbildungsprogramm gehört nicht nur das Zurücklegen von Distanzen auf Saumwegen, sondern auch das allgemeine Gehen (Vorrücken und Rückzug) in Einzelkolonnen, im geschlossenen Verband und bei Fliegergefahr in der offenen Formation. Es gilt das Tier auch dahingehend abzuhärten, daß es sich trotz Durst neben einem Brunnen still verhält, ohne sich Wasser zuführen zu wollen. Doch sollten Gewaltmärsche nicht zu Überstrapazierung führen. Im

Sinne des Milizgedankens muß in Rechnung gestellt werden, daß auch für das Maultier jeder Militärdienst eine große innere und äußere Umstellung bedeutet. Es hat ein Recht auf Marschpausen und verordnete Stallruhe. Mann und Tier bilden eine Einheit, selbst wenn der zivile Tierhalter nicht mit dem Tier zusammen seinen Dienst absolviert, doch sollte dies grundsätzlich Usanz sein, anderseits ist zu bedenken, daß, wenn im Ernstfall der Tierhalter infolge von Kampfhandlungen ausfällt, das Tier von einem ihm Unbekannten muß übernommen werden können. Schon deswegen ist die Normierung der Kommandos unerläßlich, da die gegebene Kommunikationsform zwischen Mann und Tier der Befehl ist, akustisch wie taktil: »Hüsch« für Sich-bewegen und »hott« für Stillstehen, wobei letzteres durch das neutralere, in allen Landessprachen gebräuchlichere »Stop« ersetzt werden kann. Um aber nicht in Gefahrenmomenten durch überflüssige Lautäußerungen die Aufmerksamkeit des Gegners zu erwecken, sind taktile Kommandos unerläßlich: Einmal am Halfter ziehen für »Stillstehen« und zweimal für »Gehen«. Auf jeden Fall sollten an der vordersten Front nur Tiere zum Einsatz kommen, deren Schreien diszipliniert ist und die weder durch Begrüßungsgewieher noch durch unmotiviertes Iah-Iah dem Feind Stellungen verraten. Sollte das Tier selber zu Tode kommen, muß seine Last auf andere Tiere verteilt werden, und der Kadaver, sofern keine Zeit zum Vergraben da ist, mit Kalk überstreut werden. Auf dem Totenschein ist die hinterm linken Ohr eingebrannte Nummer in Blockschrift einzutragen. Für die Aufrechterhaltung der Gesundheit des Maultiers in Friedenszeiten (in Wiederholungskursen und bei kriegsähnlichen Übungen) ist der dem Tier zugeteilte Soldat (bzw. Tierhalter) verantwortlich. Für das Striegeln (vom Kopf Richtung Schwanz) sind die Armeebürste Nummer drei und die Kardätsche eins zu verwenden. Sollte sich trotz solcher Wartung Belausung einstellen, muß das Tier separiert werden. Für die Verpflegung steht eine tägliche Ration Bundeshafer und Bundesstroh resp. Futterwürfel zur Verfügung, anderes Rauh- und Frischfutter muß vor Ort besorgt werden; sollten Requirierungen notwendig sein, geschieht dies gegen Abgabe einer Quittung. Jede nicht sachgerechte Behandlung eines Maultiers wird nach den Schutzbestimmungen für nichtmenschliche Truppenglieder geahndet und fällt unter das Delikt Verschwendung von Armeematerial und Schwächung der Wehrkraft. Es liegt im Ermessen des jeweiligen Ortskommandanten, ob ein Maultier an einem Defilée mitmarschiert. Im Falle eines parademäßigen Vorbeimarsches hat das Tier links vom Mann zu gehen und in akustisch gehöriger Distanz zur Militärkapelle.

Die Kuh beim Melken

Über ihrem Platz die Schiefertafel, darauf der Name, mit Kreide eingetragen die Daten »geboren, geführt, gekalbt«, neben der Tafel ein Lautsprecher, eine holzverkleidete Box, an der ein Spinnennetz hängt. Wenke wendet ihren Kopf nach rechts zur Nachbarin, reibt ihre Hörner am Hals von Luise, und die hält ihr willig Brust und Wamme hin. Die beiden sind als erste in den Stall zurückgekehrt, sie haben sich an der Türe noch bedrängt, aber sie haben das allgemeine Gerangel nicht mitgemacht und haben im gemächlichen Rindergang ihre Plätze aufgesucht. Bevor sich Wenke einrichtet, schubst sie die Nachbarin zur Linken beiseite, die mit ihren Hinterbeinen bockt und Anstalten trifft, sich ins Streu zu legen. Nachdem Wenke angekettet ist, schüttelt sie sich und verjagt ein paar Fliegen nach oben, wo am Rand des Netzes eine Spinne lauert und daneben auf einem Brett Striegel und Kardätsche liegen. Wenke muht mit dunkler Stimme Luise an, diese muht mit heller zurück, und beide strecken ihre Nüstern nach vorn, muhen zusammen und übertönen mit ihrem Gebrüll ein Tremolo aus dem Radio. Der Melker bindet Wenkes Schwanz an eine Schnur, die an einem Korken befestigt ist; dieser läuft an einem Draht unterm Dach. Wenke fährt fort mit dem Schwanz zu schlagen, aber sie kann mit ihrer Quaste nicht mehr weit ausholen, und auch Luise zwickt weiter. Während die beiden mit ihren Schwänzen schlagen, rutschen die Korken in einem andern Takt als dem, der aus dem Lautsprecher kommt.

Kaum hat der Melker der Nachbarin zur Linken den Schwanz hochgebunden, stülpt die ihren After nach außen und läßt dünnflüssigen Dreck fallen, der auf dem Zementboden aufklatscht, Platsch um Platsch, spritzt und den Unterschenkel von Wenke bekleckert, die mit dem Huf scharrt. Der Melker schiebt sich zwischen Wenke und Luise, indem er dieser auf den Rücken einen Klaps versetzt und über die Stelle streicht, wo sie sich am Stacheldraht gerissen hat. Luise packt ihn am Ärmel und möchte diesen herunterkauen. Der Melker zerrt aus einem Jutesack eine Handvoll Holzwolle, prüft den Gurt, mit dem er sich den einbeinigen Schemel umgebunden hat, hockt sich hin und beginnt, Wenkes pralles Euter mit der Holzwolle abzureiben. Sie könnte ihre Milch zurückbehalten, was allerdings Schmerzen verursacht, aber ohne weiteres mag sie ihre Liter nicht hergeben. So streicht ihr der Melker das Euter sauber und trocken und zieht mit den eingefetteten Händen an den Zitzen. Vom Streicheln animiert, sondert Wenke das Hormon ab, das den Weg freigibt für die Milch, die ihr schwer zwischen den Beinen hängt. Sie dreht ihren Kopf zum Melker und schaut ihn mit ihren Triefaugen groß und dunkel an, und es tropft ihr schlabbrig vom ewig feuchten Maul. Auch Luise, den Kopf vorgestreckt und den Hals tiefgehalten, beäugt den Melker und leckt sich langsam mit der Zunge über die Nasenlöcher bis zu den Lederriemen des Halfters. Dann wenden sich beide der Krippe zu, und Wenke rupft aus dem frisch geschnittenen Gras Klee, während der Druck im Euter nachläßt. Der Melker holt aus ihren Zitzen dünne Spritzer heraus, fängt sie im Vormelkbecher auf, den er um den Oberschenkel gebunden hat, kontrolliert die Milch, die auf dem schwarzen Deckeleinsatz schwimmt. Eine

Frauenstimme kündigt den nächsten Song an, und der Melker pfeift den Anfang, noch bevor die Musik einsetzt. Er schiebt die vier Zitzen in die Zitzenbecher, deren Schläuche sich in der Melkmaschine treffen; dann schließt er den dünnen Schlauch an einem Rohr an, das unterm Dach nach draußen verläuft. Dort pumpt der Motor, der das Vakuum herstellt, und die Maschine beginnt zu saugen. Wenke glotzt zur Nachbarin, und Luise glotzt zurück, und beide glotzen nach unten zu ihren Klauen, hinüber zum Eimer mit dem Getreideschrot und zum Kessel mit dem Salz. Das Lied von den Palmen bringt den Lautsprecher zum Zittern, und mit der Resonanz vibrieren auch Netz und Spinne. Aus der Kälberecke ein aufgeregtes Scharren und Klirren. Unbekümmert darum das Stampfen des Motors. Dazwischen ein hingezogenes Gebrüll und in einer Pause das Schwirren von Fliegen. Plötzlich ein Dekkelklappern von der Selbsttränke her und wieder der Melker, der dem Refrain »du, nur du« nicht genau folgt. Die Schwänze schlagen ihre eigenen Intervalle und bringen die Korken am Draht zum Hüpfen. Präziser das routinierte Saugen der Zitzenbecher; stumm schäumen die Milchstrahlen hinter dem Sichtglas des Auffanggerätes. Wenke holt aus dem Pansen bereits Gekautes ins Maul zurück und mahlt mit ihren Zähnen. Ihr Wiederkäuen ist gemächlicher als der Beat aus der Holzbox, der sich in der Stallwärme fortpflanzt, und dieser ist hektischer als die Mistgabel, die am Boden kratzt, während der Pulsator unermüdlich den Saug- und Entlastungstakt der Melkmaschine steuert. Ein Schaben und Schleifen, ein Rasseln und Rattern, das Summen von Fliegen und Maschinen, hörbar das tiefe Schnaufen und fast stimmlos das Pfeifen. Ein metallener Klang, ein helles Pulsieren und ein gedämpfter

Stoß. Hohl der Hall und monoton das Klopfen. Ein schmelzender Sound, ein Platsch und ein Muh – die verschiedensten Rhythmen und Töne friedlich vereint in der melkenden und der gemolkenen Welt.

Die Filzlaus beim Wirtswechsel

Nägel nähern sich, auf den Wurzeln wuchern Häutchen, die Ränder, unregelmäßig beschnitten, sind leicht gewölbt, ein einzelner Nagel ist eingerissen, unter ihm ist etwas Schwarzes hängengeblieben. Langsam schieben sich die Finger in die Leistengegend und fahren unversehens wild hin und her. Die Nägel streichen auch über den Rücken der Filzlaus, die mit ihrem borstigen Bauch platt an der Haut liegt, und sie ziehen auf dem Innern des Schenkels Striche, die rötlich anlaufen wie die Stelle, welche die Laus als Arbeits- und Freßplatz aufgegeben hat und die leicht angeschwollen ist. Die Finger bilden mit der Handinnenfläche eine Kuppel, einer der Finger steht direkt über dem gedrungenen Körper der Filzlaus. Die Finger liegen auf der Lauer, abwartend, bis es juckt, um an der georteten Stelle zu kratzen, und schon vollführen sie Kreise, immer rascher und bis zum After hin. Doch andere Finger kommen. Oben sind die Nägel schmal und zugefeilt, sie sind rotlackiert und zeigen keinen Halbmond. Die Finger wühlen im Haar und kringeln einzelne Härchen um ihre Spitzen, fahren sanft über die Haut und streicheln auch den Panzer der Filzlaus, tupfend tasten sie sich weiter bis zum Rist zwischen den Schenkeln und entfernen sich mit einer langgezogenen Liebkosung. Sich selbst überlassen, zeigt die Laus ihre kurzen Fühler, schiebt ihren Kopf nach vorn und trifft Anstalten, an einer Blutbahn zu schmatzen. Da wird die Bettdecke zurückgeworfen, und es wird selbst für ihre schwachen Augen hell. Der Muskel, in den sich die Laus gebohrt hat, spannt sich, löst sich, spannt sich von neuem. Ein zweiter Haarbusch nähert sich, schwärzer als der erste, die Haare des einen schieben sich in die des andern, als wollten sie sich verknüpfen. Und die Haut, an die die Laus sich klammert, preßt sich gegen eine zweite, verharrt kurz, zieht sich zurück und drängt nach vorn. Wieder greifen Finger nach unten, aber diesmal nicht nach der Stelle, die juckt, sondern zwischen die Schenkel und packen zu. Über die glatte Filzlaus gleitet etwas Hartes. Das Fleisch, an dem die Laus schmarotzte, scheint davon zu laufen, stößt auf Widerstand, trotzt, gibt sich hin, befreit sich und entfernt sich und geht, stöhnende Pausen einlegend, erneut auf die Suche. Die eine Haut klebt an der andern, aber nicht so fest wie die Nissen, die die Filzlaus an die Haare gekittet hat; und wenn sich die eine Haut von der andern löst, klatscht es. Feuchtes reibt sich an Feuchtem und dazwischen unerschütterlich die Laus. Schweiß tritt aus Poren, und auch der hornige Rücken der Laus wird genäßt; aber sie sitzt fest und gleitet nicht ab. In das glitschige Gewühl von hartem und nachgiebigem Fleisch mischt sich Schleim. Wärme treibt hoch, die für die Laus so bekömmlich ist wie die Wärme des Blutes und die das Schlüpfen der Eier begünstigt. Je mehr sich das eine am andern reibt, wippt und schaukelt die Laus mit. Das stößige Keuchen mündet in einem Aufschrei, der aus der Lust kommt und als Klage verröchelt. Was sich aufbäumte, sackt zusammen, was sich nicht loslassen wollte, fällt auseinander, und die beiden Körper liegen Seite an Seite, als hätten sie nie einander gehört. Nur die Laus hat ihren Platz behauptet. Durch die Leiste, auf der sie sitzt, geht ein Zittern; der Muskel zuckt noch einmal, aber nicht vor Erwartung, sondern vor Erschöpfung. Leise atmende Ruhe kehrt ein. Die Laus löst die eingeschlagenen Klauen ihrer Beine und läßt einen roten Fleck zurück. Sie klettert hoch, die Haare umklammernd, an denen die Eier glänzen. Ein Haarbusch liegt neben dem andern, und sie wechselt hinüber in ein struppiges Gebüsch, das in Form eines Deltas wächst, und richtet sich dort auf einem sanften Hügel ein. In diesem Haar kraulen die Fingernägel, die unregelmäßig beschnitten sind, und von denen einer eingerissen und schwarz ist, und diese Finger, als ob sie sich verloren hätten, versuchen sich zu orientieren. Zwischen ihnen schlägt die Laus die Zangen ins Fleisch, um sich ihren Halt zu sichern. Dann verankert sie mit den Zähnen der Oberlippen ihren Mund luftdicht auf der Haut und setzt ihren Stechrüssel an. Sie benutzt die scharfen Fortsätze des einen Stiletts als Stichsäge, durchbohrt die obere Schicht der Haut und dringt ins Fleisch ein, zapft eine Bahn an, pumpt mit ihren Muskeln und saugt Blut hoch. Wie ihr Darm vollgesogen ist, verfärbt sie als Zeichen der Sättigung ihren gelbbraunen Körper dunkel und gibt von ihrem Speichel ab. Schon kommen wieder Finger, diesmal die rotlackierten Nägel, die schmal sind und spitz zugefeilt und ohne Halbmond. Aber sie liebkosen diesmal nicht, sie suchen eine juckende Stelle, machen sie nicht ausfindig und kratzen über den ledrigen Rükkenpanzer der Laus hinweg, die ins Fleisch verkrallt, ihren Rüssel in der Stichwunde ausruhen lassend, platt an der Haut verdaut, erschöpft und befriedigt.

Der Pfau auf dem Misthaufen

Er trägt auch im Alltag eine Schleppe; sie ist dreimal so lang wie sein Körper. Er führt sie mit, wo immer er hingeht, so daß man als erstes sieht, wie ihm über den zwanzigfedrigen Schwanz hinaus Federn wachsen. Er bricht in der Frühe auf, oft ehe der Hahn kräht, die Hühner von den Stangen hopsen und mit ihrem Eierlegen-Getratsch beginnen. Der Pfau macht sich nicht allein auf den Weg, sondern begleitet und umgeben von Weibchen, Distanz haltend zu denen, die auf ihrem Kopf auch ein Krönchen tragen, aber ein bescheideneres; sie scharren am Bach wie er nach Würmern und haben einen Sporn, wenn auch nicht so prächtig wie seiner; drehen sie sich aber auf dem Platz zwischen Tenne und Stall, wirbeln seine Hennen keine Steinchen auf, da ihnen ihr Deckgefieder nicht über den Schwanz hinauswächst, doch ist ihr Schwanz groß genug, daß sich darunter Küken verstecken, um dicht der Mutter zu folgen, unter ihnen ein junger Pfau, der versucht, die Federn zu stellen, die er noch nicht hat. Dem großen Pfau könnte die Schleppe hinderlich sein; stelzt er mit seinen Weibchen die Straße hinunter und kommt ihnen unerwartet ein Traktor entgegen, stieben die Weibchen rascher auseinander. Aber scharfäugig hat er das Gefährt schon von weitem erkannt und mit seinen wachsamen Ohren längst das Rattern der Milchkannen auf dem Anhänger vernommen, so daß er seinen Schwanz und damit sich selber rechtzeitig am Straßenbord in Sicherheit brachte. Die Schleppe läßt sich umso leichter tragen, als er hochbeinig ist, nur mit den äußersten

Enden fegt er den Boden oder das Gras; wenn er beim Gehen wippt, läßt er seine Schwanzfedern tänzeln. Er geht kaum am Brunnen vorbei, ohne daß er auf den Trogrand flattert oder auf die leeren Gasflaschen, die dort lagern. Und kommen sie zum Zaun, kriechen die Weibchen unter den Latten durch; er aber fliegt auf die oberste, und sei es nur, um einen Moment halt zu machen für einen kurzen Überblick. Meist läßt er sich auf der Linde nieder, mitten im Geäst, wo ein Blitz einschlug und ein Stück Stamm abgesägt wurde, so daß eine Kanzel entstand. Als höchsten Punkt aber sucht er das Dach des Bauernhauses auf. Dort sitzt er neben dem Kamin auf dem First, schaut auf die Gemüsebeete und die Düngersäcke, äugt den Masten und ihren Leitungen entlang bis zur Weide, wo Rinder mit ihren Schwänzen Fliegen vertreiben oder sie heben, um einen Fladen fallen zu lassen. Eine ländliche Stille, in der nur das Raunen der Silo-Anlage zu hören ist und in der Ferne das Kreischen einer Kettensäge. Dann reckt der Pfau mit einem Ruck den Kopf. Sein Federkrönchen zeichnet sich klar wie die gebogenen Arme der Fernsehantenne gegen den Morgenhimmel ab, und über dem gebrannten Ziegelrot reckt er seine blau schimmernde Brust. Er stößt Schreie aus, einzeln und grell, so daß der Hund zu bellen beginnt und gegen das Dach hinauf kläfft. Doch der Pfau schreit sein trompetendes Miau über den Hof und über das Tal hinweg. Wenn er erhöht sitzt und seine Schleppe herunterhängt, kommt diese in ihrer ganzen Länge zu verheißungsvoller Geltung. Dann wird der Pfau ein Komet von einem Hühnervogel, dessen bunter Schweif einen Pfau prophezeit. Hat er ausgeschrieen, hüpft er auf ein Vordach, die Regenrinne und die Schindeln mit seinen Schwanzfedern streifend, und er fliegt zurück auf den Erdboden zu seinen Weibchen und dirigiert die Schar.

Er läuft gegen eine Katze an, die auf den Holzstoß flüchtet, wo sie sich weiter putzt. Der Pfau begibt sich zum Stall, über dessen Tür ein Melkschemel hängt, an den eine Spinne ihr Netz geknüpft hat. Doch dann verscheucht ein Schubkarren den Pfau, von beiden Seiten des Karrens tropft es, und dieser wird über ein Laufbrett hinauf auf den Misthaufen gestoßen, gekippt, und eine Gabel kratzt heraus, was hängengeblieben ist. Der Pfau macht einige Schritte auf dem glitschigen Brett, kehrt um und stellt sich vor den Misthaufen, schon fast in die dunkle Brühe. Aus der Jauchelache schwirren Schmeißfliegen hoch. Und der Pfau hüpft auf den Misthaufen. Für einen Moment versinkt er im weichen Grund. Aufgescheucht laufen Käfer in alle Richtungen und verkriechen sich. Er macht einen scharrenden Schritt, und fetziger Unrat verfängt sich in seinen Sporen. Er tritt sich seinen Platz zurecht – von Dung genäßtes und verklebtes Stroh, dazwischen weißer Hühnermist und kotdurchsetztes Sägemehl aus dem Kaninchenstall, in einer Ecke Gejätetes, das verwest, und faulendes Gemüse, ein modrig stinkender Haufen, über dem ein gasiger Geruch liegt, und der dampft, wo frischer Mist hingeworfen wurde. Auf diesem Haufen reckt der Pfau seinen Kopf mit dem Krönchen, wirft sich in die Brust und stellt seine Federn. Was er nachschleppte, steht nun aufrecht gegen den Himmel. Hell das klare Gestänge der Kiele, und an den Federn spielen die Fransen mit dem Wind. Der Pfau entfaltet seinen eignen Hintergrund, einen ausgebreiteten Fächer, durchlässig für heitere Luft und zitterndes Licht, und auf dem Fächer verteilt, große blaue Tupfen, umrandet von Gelb, Orange und Rot. Der Pfau schaut nicht mehr nur mit seinem Gesicht, er blickt aus seinen Schwanzfedern heraus in die Welt mit einer Vielzahl lidloser Augen, die er öffnet, indem er das

Rad schlägt. Indem der Pfau auf einem Misthaufen sein Rad schlägt, macht er aus dem Misthaufen den Sockel eines Denkmals, auf dem ein Pfau steht, der das Rad schlägt.

Das Murmeltier im Winterkurort

Es hatte mitgeholfen, Gräser abzubeißen und Halme auszureißen, und es hatte das Heu in den Bau getragen. Als mit den kühlen Tagen sich immer weniger ins Freie wagten, war es unter den letzten, die vor dem Schlupfloch hockten, in einer dünnen Sonne, fettleibig und sich kaum vom Eingang entfernend. Bis es allein dasaß, nachdem die andern von innen den Mündungskanal mit Gräsern und Erde verstopft hatten. Es war nicht mit ihnen zum Kessel gekrochen, den sie gemeinsam gepolstert hatten und wo sich die andern nun ins Neststreu kuschelten und sich zu einem Knäuel zusammendrängten, den Kopf zwischen die Hinterbeine gelegt. Als der erste Schnee fiel, kratzte es ihn beiseite, grub an der apern Stelle nach Kräutern und fand Wurzeln. Dann aber lag der Schnee so hoch, daß es mit seinen Grabkrallen nicht mehr durchkam. Sein Körper war nicht wie der der andern im Bau zum Winterschlaf erstarrt. In einem frostigen Wind schauderte es unter einem grauen Himmel, der über den Bergkämmen hing. Es grub, damit seine Glieder sich nicht versteiften, und es grub, obgleich es bloß auf Schnee stieß und darunter von neuem auf Schnee. Es schob seinen dicken Wanst den Hang hinunter, kollernd und stürzend, manchmal kaum mehr aus einer Schneise hochkommend, zwischen den braungelben Nagezähnen Schnee. Aufgeregt pochte es in seiner Brust; denen im Bau aber schlug das Herz nur wenige Male pro Minute. Wenn es gegen eine Föhre sprang, löste es eine Lawine aus. Es begann an Rinden zu nagen. Während die im Bau nur alle drei

Wochen einmal erwachten, um sich zu entleeren, postierte es sich jeden Tag bei einem andern Felsbrocken und markierte ihn; aber es war niemand da, gegen den es den Stein hätte verteidigen müssen. Vor dem Adler rettete es sich, indem es sich überschlug und unter einen Schober purzelte. Es schaute hinter verwehten Böschungen hervor und legte sich auf einem Mäuerchen an eine Sonne, die den Schnee zum Blenden brachte. Als es zum ersten Mal den Pflug sah, stieß es kurze Schreie aus, als gälte es, Artgenossen zu warnen. Auf der freigelegten Straße sank es nicht ein, wenn es hinplumpste. Es kratzte an dem gefrorenen Boden und leckte sich die Körner des Streusands von den Pfoten. Da kam ihm jemand entgegen, es kraxelte das Bord hinauf und rutschte ab, und wie es ein Loch grub, sackte darüber der Schnee ein. Als der Jemand neben ihm war, stellte sich das Murmeltier auf die Hinterbeine, zitterte und ließ die Arme hängen. Da bemerkte es, wie etwas zu Boden fiel, es blieb starr, schielte, sprang drauf los, packte es und lief, fand einen Durchschlupf, setzte sich hin und fraß. Am Abend verkroch es sich wie immer in einen Schober, den es nicht bauen geholfen hatte, und es kuschelte sich in Heu, das es nicht zusammengetragen hatte. Am andern Tag aber lugte es erneut hinterm Mäuerchen hervor, kratzte noch aus Gewohnheit am Boden, ließ aber davon ab, sobald es einen Jemand erspähte. Es stellte sich auf die Hinterbeine, ließ die Arme baumeln und zitterte. Fast immer, wenn es dies tat, warfen sie ihm etwas hin, oft Nüsse, die nicht in dieser Region an der Waldgrenze gediehen, sondern aus Papiertüten kamen. So hielt es sich an die, welche Taschen hatten, an Wanderer und Spaziergänger, an solche, die Skier buckelten, Schlitten zogen oder in Schlitten fuhren, vor die Pferde gespannt waren, deren Geschirr klingelte. Es knackte mit seinen Daumenstummeln die Nüsse, zermalmte die Kerne zwischen den Fingern, bevor es sie in den Mund schob. Es streute die Schalen um sich, vergrub sie, holte sie hervor und spielte auch mit den Papierchen, die sie ihm zuwarfen. Sie, die auch Pelze trugen, aber nicht am ganzen Körper, leerten Tüten und Taschen, und es sammelte ein, was sie hinwarfen, und äufnete im Schober neben dem Heu seinen Vorrat. Jeden Morgen begab es sich an seinen Posten, es stellte sich längst nicht mehr bloß auf, sondern pfiff vor seinem Auftritt. Während die andern Murmeltiere im Bau von den Reserven lebten, legte es zu seinem Sommerfett Winterfett zu. Als der Schnee schmolz und nicht nur im Bachbett ein Bächlein floß, kraxelte es hangaufwärts und hockte vor dem Bau, bis sich die andern eines Morgens ihren Weg ins Freie schaufelten. Sie blinzelten in eine Sonne, die es, das feisteste von allen, sich nie abgewöhnt hatte. Sie sprangen herum, sie hopsten und pfiffen, daß ihnen Backen und Schnurrbart vibrierten. Unter denen, welche aus dem Loch hervorschauten, war auch ein Weibchen. Er beschnupperte sie, sie putzte sich, und er folgte ihr ins Dunkel, wo sie ihren Winter verbracht hatte. Aber einer der abgemagerten war stärker und rascher, und er balgte sich mit andern Murmelmännchen, denen unterm Fell die Knochen vorstanden. Doch dann verließ er den Bau und bezog dort Posten, wo er einen Winter lang Männchen gemacht hatte. Das Murmeltier sah sich nach jemand um, doch kam keiner. Auch als es sich weiter unten auf die Hinterbeine stellte, erschien niemand. Als doch jemand kam, da hatte der zwar Taschen, aber er griff nicht hinein. So begann das Murmeltier wieder die Erde aufzukratzen; kaum hörte es etwas, hielt es inne, stellte sich aufrecht hin und zitterte. Aber niemand erschien, obgleich es pfiff. Weiter oben stießen die andern kurze Schreie aus und tummelten sich am Hang. Die Föhren schlugen aus, und aus den gelben und grauen Grasbüscheln wuchs junges Grün hervor. Es aber machte Männchen, wartete und magerte ab. Es war in dieser Region das erste Murmeltier, das den Frühling als tote Saison erlebte.

Die Borkenkäfer und das Parfum Pheromogeil

Von allen Seiten steuern sie auf das Rohr zu, bei dem sich der Duft als Wolke konzentriert. Das Rohr steht aufrecht wie ein Baumstamm, jedoch schlanker und von gleichmäßigem Umfang, es hat keine Rinde und riecht dennoch, als flösse aus der Gewebewunde einer Fichte Harz. Die Luft ist von einem Duft geschwängert, der sich verströmt und sich zwischen den Stämmen verteilt und den der Wind durch den Wald treibt. Auch wenn der Duft sich dort verflüchtigt, wo die Käfer am Morgen aufsteigen, seine Ausstrahlung reicht soweit, daß die Borkenkäfer bei ihrem Suchflug darauf stoßen. Soviel liegt in der Luft, daß die Käfer desorientiert sind und nicht wissen, welche Richtung sie einschlagen sollten, weil in jeder ein Ziel liegen könnte. Doch dann bildet der Geruch einen Duftstrang, dieser zieht sich wie eine Flugschneise durch den Wald; die Käfer folgen einem Wegweiser, der sich in der Laune des Windes bewegt, und sie steuern dorthin, wo die Quelle liegt, auf einen mattschwarzen Kunststoffkörper zu. Das Weibchen erkennt den Geruch des Männchens, der mitteilt, daß dieses einen Wirtbaum gefunden hat, aber das Männchen fliegt nach wie vor im Schwarm der Männchen. Und diese spüren den Geruch, der Begattung verheißt und um deretwillen sie eine Rammelkammer ausfressen würden. Aber das Weibchen legt noch keinen Gang an und wartet nicht darauf, daß das Männchen mit seinen Flügeln den Bohrabfall beiseite schaufelt, sondern es ist wie alle andern noch in der Luft hinter einem Geruch her. Dieser ist verführerischer, als was sonst an diesem Frühlingstag im Wald blüht und riecht, betörender als Waldmeister und Primeln, stärker als was von den jungen Trieben der Nadelhölzer kommt und was vom Waldrand her an Abgasen eindringt. Der Geruch lockt mehr als das Frischholz mit seiner Borke und das alte Holz am Boden, von einem Sturm niedergerissen, unter einer Schneedecke eingebrochen oder von einem Forstarbeiter geschlagen. Auch wenn kein Enddarm diesen Duft ausgeschieden hat, die Käfer registrieren ihn mit den Rezeptoren an den Sinneshaaren ihrer Fühlerkeulen und reagieren auf etwas, das nicht in einer Drüse entstand, sondern für dessen Zusammensetzung Gas-Chromatographen und Resonanz-Spektroskope eingesetzt wurden. Die Luft ist erfüllt von Cis-Verbenol, von Ipsenol und Ipsdienol. Ein Parfum, das beide Geschlechter betört, und Männchen wie Weibchen sind hinter ihm her in einem dichten düsteren Schwarm, der aufglänzt, wenn ein Sonnenstrahl durchs Geäst dringt. Das Parfum leitet sie zu einer Lichtung, wo außerhalb des geschlossenen Baumbestandes, hoch wie eine junge Birke, eine Röhre steht, die nicht wie der Baum eine Krone hat, sondern einen Deckel. Die Käfer drängen sich so, daß sie beim Anflug aufeinanderprallen und sich gegenseitig wegstoßen. Und die, die weggeschleudert werden und zu Boden fallen, rappeln sich auf und nehmen das faulige Holz nicht zur Kenntnis und klettern am Rohr hoch. Auf diesem wimmelt es wie auf einer Fichte nach dem Befall. Die Außenwand ist geriffelt, so daß die Käfer nicht abgleiten. Einbuchtungen und Stege erleichtern die Landung. Die Löcher sind vorfabriziert und nicht so groß, daß die räuberischen Ameisenbuntkäfer, die Borkenkäferwölfe, eindringen könnten, die ebenfalls dem Parfum Pheromogeil erliegen und denen die Borkenkäfer den Einstieg streitig machen. Die Sieger schieben ihre zylindrischen Körper hinein und gelangen in ein Dunkel, das nur noch aus Duftstoff zu bestehen scheint, sie rutschen an der glatten Innenfläche ab und stürzen in eine Grube, und die zum Flug ansetzen, prallen gleich an ein Rund, das keinen Halt gibt, so daß sie auf jene hinunterfallen, die versuchen, aus dem Auffangbecken hochzukraxeln. Sie krabbeln in der Fallgrube, mit zitternden Fühlern, die sie wie ein Gehörn tragen, rutschen am Panzer der andern ab, über ihnen die, welche sich an ihren Halsschild klammern, und die, denen mit Flügelschlägen ein Aufstieg gelingt, fallen allein oder werden von andern zurückgeholt. Hoch oben der Verdunstungsbeutel, und im Plastiksack der Schwamm, der mit Pheromogeil getränkt ist und von dem der Geruch nach außen dringt durch die Löcher, durch die sich Käfer hereinzwängen. Dieser Duft ist stärker als der Geruch, den der krabbelnde Haufen im Sammelbecken absondert und der Alarm signalisiert. Hier klettern sie durcheinander und aufeinander, Männchen und Weibchen, die alle einem Geruch gefolgt sind, der einen Wirtbaum verhieß; sie sind eingestiegen, ohne daß sie ein Loch gebohrt hätten, und die im Gewühl von Beinen und Fühlern untergehen, sich verhaken und sich zu befreien suchen, dringen nicht vor bis zu Bast und Borke. Kein Weibchen höhlt einen Muttergang aus, und kein Männchen frißt eine Begattungskammer frei, und doch riecht es nach Bohrmehl, so wie es nach Harz riecht, obwohl keines fließt. Der Geruch wäre da, aber kein Weibchen setzt seine Eier, und keine Larven werden vom Muttergang aus neue Fraßgänge anlegen und kleine Löcher bohren, durch die sie aus dem Dunkel ins Freie schlüpfen. Die Löcher sind vorgegeben; sie verführten an einen Ort, wo es dunkel ist wie unter einer Rinde. Die, die im Sammelbecken einer perforierten Röhre krabbeln, kennen von ihrer Existenz nur den Lockstoff. Läßt der Geruch nach, wird der Deckel abgehoben und der Schwamm von neuem mit Pheromogeil getränkt. Die Fallgrube hingegen wird jeden Abend geöffnet, zur Abtötung und zum Abzählen für die Statistik pro Flugtag.

Die Fliege und die Suppe

Sie hatte sich schon einmal auf den Rand gesetzt, war einen weißen Halbkreis hinuntergelaufen bis zur Suppe und befand sich in der Luft, ehe ein Schatten sie vom Teller verscheuchte. Sie flog zum Vorhang, kraxelte einer Stange entlang und kletterte über Messingringe, klebte einen Moment fest und war bereits wieder über dem Teller, aus dem warmer Erbsengeruch hochstieg. Sie landete auf einer Glatze und spazierte mit ihren behaarten Beinen kahles Terrain ab, setzte sich hin und begann ihren Rüssel zu putzen, ließ sich durch kein Rütteln und Schütteln beeindrucken und hob erst ab, als hart neben ihr ein Fingernagel zu kratzen begann. Sie summte vor einem Ohr und streifte beinahe die Härchen, die hervorschauten. Sie steuerte um den Hinterkopf, setzte ihre Schwingkölbchen ein, drehte, flog zurück, drehte erneut und flog auf Kragenhöhe zur Gegenseite, wo sie vor dem andern Ohr Kreise zog und dazu summte. Wiederum ließ sie sich auf dem Tellerrand nieder, verharrte regungslos, nur mit ihren Fühlern vibrierend, lief eine Schräge hinauf und wartete. Als sich eine Hand näherte, führte sie vor, wie man in einer Sekunde mehr als zweihundert Mal mit den Flügeln schlägt, kurz stieg sie hoch und ließ sich auf dem Tischtuch nieder, lief über ein blauweißes Karree einem Löffelstiel entlang bis zur Gabel, umkreiste die Zacken, untersuchte und beleckte Krümel, hockte sich hin und schob ihre Mittelbeine zwischen Vorder- und Hinterbeine, die sich putzten. Sie floh vor einer Messerspitze, die im Tischtuch einen Abdruck hinterließ. Sie zog eine Achterschleife über der Erbsensuppe, verringerte ihre Flughöhe und wurde abgetrieben von einem Windstoß, der aus einem Mund kam. Sie näherte sich einer Brille und dirigierte die Pupillen hinter den beiden Gläsern, richtete sich auf die Falten der Stirne aus, machte aber kurz vor ihnen auf dem Gestell halt, lief den Bogen der Brille ab, stieg auf und setzte, mit Vorschild, Schild und Schildchen bewehrt, zum Sturzflug an. Sie berührte fast die Oberfläche der Suppe, flog aber darüber hinweg zur Decke. Im letzten Moment vor der Landung drehte sie ihren Körper, klebte sich mit den Füßen fest, den Kopf noch immer in der Flugrichtung, und tief unter ihren großen braunroten Augen der Tisch mit dem vollen Suppenteller. Sie ruhte sich aus, summte und begann als Stubenfliege die Stube zu inspizieren. Sie begab sich zunächst zur Anrichte, beachtete die Früchteschale kaum, kehrte zu ihr zurück und naschte mit ihrem Rüssel an der fauligen Druckstelle eines Apfels, dann umlief sie die beiden Türme der Menagere, verirrte sich in den Blättern einer Zeitung und strampelte sich zurück. Sie wechselte zum Sofa, legte den ganzen Weg einer Kissennaht nach oben zurück und stieg auf der andern Seite wieder herunter. Als sie aufflog und sich der Lampe näherte, schien das Licht durch ihre gläsernen Flügel und machte diese noch klarer. Sie wechselte zur Wand, kroch das Blattmuster der Tapete hoch und lief quer durch ein Souvenirbild, wo sie über der Braut in Weiß einen weißen Flecken hinterließ. Auf dem Kalender daneben huschte sie kreuz und quer durch die Daten. Dann setzte sie zum Direktflug Richtung Suppe an. Sie ließ sich am oberen Tellerrand nieder und hielt sich auf der Glasur mit den Haftläppchen ihrer Füße fest, wagte einige Schritte, verharrte, flog auf und setzte sich an der gleichen Stelle nieder und machte erneut einen sechsfüßigen Vorstoß. Am Suppenrand streckte sie ihren Rüssel aus und tupfte Flüssigkeit auf. Sie ließ nicht ab vom Aufsaugen und füllte ihren Kropf; aus ihm quollen auf die Rüsselscheibe dicke Tropfen zurück, sie sog diese wieder ein und neigte sich zur Suppe. Die Flüssigkeit machte sie schwer und träg; sie rutschte, konnte sich noch festkleben, so daß sie nicht kippte. Doch sie geriet mit einem Flügel in die Suppe. Mit dem freigebliebenen holte sie aus; so sehr sie mit ihm schlug, sie schlug nur um sich und kriegte den andern nicht mehr hoch. Sie stieß mit den Geißelgliedern ihren Fühler gegen die Suppe. Der Kopf auf dem Fadenhals drehte sich nach rechts und nach links. Die Punktaugen auf der Stirn sahen in die eine Richtung und die Facettenaugen an den Kopfseiten in zwei andere. An einem Punkt festgehalten, schwirrte und summte sie. Ihr Flügelschlag war nur mehr ein Winken. Als sie den festgeklebten Flügel befreien konnte, hing er schwer an ihrer Seite herab, weder Klauen noch Haftläppchen boten Halt. Flügelschlagend trieb sie sich selber der Suppe zu, in der bereits die hinteren Beine steckten, welche die mittleren nachzogen, während die vordern zappelnd sich noch wehrten. Die Borsten auf ihrer Brust waren genäßt, und die dunklen Längsstreifen auf ihrer Rückenplatte sahen aus der gelblichen Suppe hervor. Einen Moment streckte sie ihre vorderen Beine nach oben und versuchte sich an der Luft festzuhalten. Als sie schon auf der Seite schwamm, ragte als letztes ihr freier Flügel empor, feingeädert und durchsichtig, ein Segel, das im Strudel eines Löffels zwischen Erbsenbrocken unterging. Sie war einst als perlmutterglänzendes Ei neben feuchten Säcken auf einem Kothaufen ausgesetzt worden. Dank der Gärungswärme eines Dunghaufens hatte sie die Stadien der Made hinter sich gebracht und hatte sich zwischen Mülltonnen und einer Latrine zum Zweiflügler entwickelt, und bevor sie sich in einer Stube einrichtete, hatte sie ihre ersten Entdeckungen bei Verrottetem, Fauligem und Verwesendem gemacht. Ihren Tod aber fand sie in einer Beutelsuppe, die mit Streuwürze verfeinert worden war.

Der Binturong und sein Kunststück

Er beherrscht ein Kunststück, aber er führt es nicht vor, wenn er beobachtet wird oder sich beobachtet wähnt. Und er wurde beobachtet. Die das Tier von vorne beobachteten und ihm ins Gesicht schauten, waren überzeugt, mit dieser Schnauze und mit diesen Augen und Ohren einen Bären vor sich zu haben, zudem schnaufte der Binturong wie ein Bär. Doch die, welche ihn von hinten beobachteten, sahen am Ende des Tieres einen Schwanz, der ihrer Erkenntnis nach einer Schleichkatze gehören mußte, aber dann beobachteten sie, daß das Tier auf nackten Tatzen ging und nach Bärenart die Sohlen beim Gehen voll aufsetzte, und daß diese Schleichkatze, falls sie eine wäre, eine war, die nicht schleicht. Danach stellten sich die, die das Tier von hinten begutachtet hatten, vorne an, wo es mit seinem Kopf aussah wie ein Bär. Für einen wirklichen Bären war es allerdings nicht groß genug, doch gibt es auch kleine Bären, und so ordneten sie den Binturong den Kleinbären zu und nannten ihn, in Erinnerung an den Schwanz, den sie hinten gesehen hatten, Marderbär. Die, welche das Tier zuerst von vorne beobachtet hatten, schauten indessen den Binturong ausführlich von hinten an und wunderten sich, daß er nicht einfach einen Schwanz, sondern einen Wickelschwanz hatte, wie ihn höhere Säugetiere nicht zu tragen pflegen, doch um einen Säuger mußte es sich handeln, denn das Weibchen hatte eindeutig Zitzen an der Brust. Also wäre der Binturong das einzige höhere Säugetier mit einem Ringelschwanz.

Und der Binturong zeigte denen, die ihn von vorn und hinten beobachteten, was sich mit einem solchen Schwanz machen läßt. Er kletterte auf einen Baum, klammerte sich dabei mit dem Ringel seines Schwanzes an die Äste, zog sich, wie dies bestimmte Affen tun, hoch, als wäre der Schwanz eine fünfte Hand. Darauf meinten einige Beobachter, man sollte den Binturong vielleicht zutreffender ›Affenmarder‹ nennen; doch fiel ihnen gleich wieder der Bär ein, als sie sahen, wie der Binturong sich nach Bärenart auf einem Ast fortbewegte, gleichzeitig die beiden rechten Tatzen nach vorn setzend und dann gleichzeitig die beiden linken nachziehend. Doch dann rutschte das Tier Kopf voran an einem glatten Holz abwärts, den Schwanz als Bremse benutzend, so daß es zwar im Schuß unten ankam, sich aber im letzten Moment auffing. Offensichtlich war der Binturong, welcher Art man ihn auch zuordnen mochte, ein Baumtier. Deswegen verglichen ihn die, welche ihn weiter beobachteten, mit anderen Tieren, die auf Bäumen wohnen, mit solchen, welche die Nacht zusammengerollt in hohlen Bäumen oder Astgabeln verschlafen und die den Palmweinsammlern den süßen Saft aus den Auffangtöpfchen stehlen, oder mit jenen, welche eine Larve im Gesicht tragen. Aber im Vergleich wirkte der Binturong ungeschickter. Er sprang zwar seine Beute auch lautlos an, doch setzte er seinen Fangbiß nicht gezielt in Kopf oder Nacken, sondern wohin es sich gerade ergab oder wie es ihm paßte. Er schien beim Fressen nicht wählerisch zu sein; er verspeiste die Vögel, ohne sie zu rupfen. Und die das Tier von vorn und hinten beobachtet hatten, sahen es nun von beiden Seiten an. Sie staunten, daß dieser eher gedrungene Körper auf eher kurzen Beinen behende und flink sein konnte. Sie musterten genauer sein struppiges Fell, ein ziemlich wirres Haar, wie von jemandem, der eben aufgestanden ist, und da der Binturong nach oben und unten und in alle Richtungen sah, sah er aus, als ob er einen Kamm suche; aber auch wenn er sich zwischendurch irgendwo hinlegte, benutzte er die Zunge kaum, um sein Fell glattzustreichen. Da der Binturong plötzlich loslief, mit sich allein und andern Rennen spielte, glaubten die, die ihn von rechts und von links beobachteten, es handle sich um ein Jungtier. Doch dann sahen sie, daß es kleinere Binturongs gab, die auch Rennen spielten; die kleinen hängten sich mit ihren Ringelschwänzen an die Äste und schaukelten, als ob sie ein Kunststück vorführen wollten. Aber die alten, die das gleiche taten, holten beim Schaukeln weiter aus. Und die Beobachter notierten sich, daß die Binturongs mit dem Heranwachsen das Spielen nicht aufgeben, sondern sich darin vervollkommnen. Doch schenkten sie der Tatsache, daß die Kleinen merkwürdige Sprünge in die Luft vollführten, weiter keine Beachtung und kamen nicht darauf, daß diese das Kunststück der Erwachsenen übten. Denn obgleich er ein Baumtier ist, vollführt der Binturong sein Kunststück am Boden, doch nur wenn er sich nicht beobachtet fühlt. Von denen, die weggingen, nachdem sie das Tier von vorn und von hinten und von rechts und von links beobachtet hatten, drehte sich einer um und schaute mit einem Feldstecher zurück. Der Binturong sprang fast aus dem Stand hoch, zog alle viere an, kugelte sich zusammen und drehte sich in der Luft wie ein Ball und ließ sich platt auf den Rücken fallen. In diesem Sprung war nichts von Drohung und nichts von Werbung. Der Binturong tat dies, ohne einem Weibchen imponieren zu wollen und nicht wegen der Nahrungssuche, nicht um einen Rivalen auszustechen oder um einen Feind zu verjagen. Er machte etwas, das die andern nicht taten, obwohl auch die einen Ringelschwanz hatten und nach Bärenart gingen. Er beherrschte sein Kunststück derart, daß er seinen struppigen Salto gleich wiederholte. Für sich vor sich hin und einfach so.

Die Ratte beim Routinetest

Sie war als Labortier geplant, stammte aus einer Inzucht, bereits einer Generation angehörend, die nicht mehr so fertil ist, ohne Leistungsdepressionen aufzuweisen; die Vitalität reichte fürs Reagieren, und sie reagierte. Allerdings war sie kein Markentier wie das handliche Zwergschwein der Vitacon-Food-and-Drugs-Company. Als sie auf die Welt kam, glich sie nicht einem Säugling, wie dies Ferkel tun, weswegen sie Produzenten von Kindermilch und Milchersatz-Präparaten kaum dienlich sein konnte. Auf sie als Labortier hätte kein Tiertechniker ein Patent angemeldet. Sie gehörte zu den gängigen Gruppen von Testtieren, die bei den Versuchstier-Verbrauchern beliebt sind; dank einer nach wie vor hohen Vermehrungsrate ist der Nachschub gesichert und die Haltung kostengünstig. Das trifft zwar auch auf die Mäuse zu, die im gleichen Institut zum Einsatz kamen. Aber als Ratte war sie größer als eine Maus; das erleichterte die Applizierung von Substanzen und chirurgische Eingriffe. Allerdings war sie nicht so groß wie ein Meerschweinchen, war nicht gleicherweise empfänglich für Tuberkulose und teilte nicht wie dieses mit den Menschen das Problem, sich Vitamin C zuführen zu müssen. Sie war auch nicht so gefühlsbetont wie die Affen, so daß an ihr nicht Mittel gegen Schwermut und Trunksucht ausprobiert wurden. Andererseits gehörte sie zu einer Gattung, die durchaus spontan Tumoren ausbildet, unter günstigen Laborbedingungen erst recht, obgleich die bösartige Geschwulst, anders als beim Menschen, häufiger in der

Leber als im Darm auftritt. Als Allzwecktier hätte sie wahrscheinlich bei Überfütterung mit Butter Thromben produziert, wäre für jede Art von Transplantation, ob Haut oder Organ, verwendbar gewesen und hätte bei entsprechender Ernährung auch gezeigt, wie sich Mangelerscheinungen auswirken. Doch sie war für eine Routine-Reaktion vorgesehen. Als Ratte war sie unter den Labornagern dennoch von internationaler Bedeutung und nicht von regionaler wie die Mongolische Rennschenkelmaus oder der Steppenlemming, denen es nie gelang, sich in den Laboratorien auf breiter Ebene durchzusetzen. Geplant, wie sie war, war sie ein Albino. Ihr Fell war weiß wie die Kittel und Schürzen derer, die sich mit ihr abgaben, und weiß wie die gekachelten Wände, zu denen sie mit roten Augen hinsah. Sie vertrat eine Gattung, die man schon hatte keimfrei züchten können, bevor dies bei Schafen und Ziegen möglich war. Ohne Bakterien, Viren und Parasiten war sie ein Labortier der Qualitätsklasse III und nicht ein konventionelles Tier, wie es ihre Mutter gewesen war. Diese war noch geworfen worden und hatte als Nesthockerin begonnen, obgleich sie früh von der übrigen Brut getrennt worden war. Der Käfig, in den die Mutter kam, war verdunkelt, man hatte den Tag in Nacht umgewandelt, so daß die nacht-aktive Mutter zu den Stunden tätig war, die des Experimentators normale Arbeitszeit waren. Sie war jeden Morgen vom Labordiener gestreichelt worden, um sie sanft zu stimmen. Sie hatte anfänglich gebissen; sie besaß nicht das affenfreundliche Naturell eines Totenköpfleins, das ein gehätscheltes Forschungsobjekt abgibt, da es bei jeder Blutentnahme staunend und treuherzig stillhält. Zahm gestreichelt hatte die Mutter geübt, sich in einer Experimentierbox für einen von zwei Durchgängen zu entscheiden. Zögerte sie zu lange, wurde durch die Stäbe im Boden Strom gejagt, so daß sie zu laufen begann, und wenn sie zur falschen Stelle lief, brannten auch dort die Füße, bis sie dorthin flüchtete, wo es nicht wehtat. Im Gegensatz zu ihrer Mutter, die ein konventionelles Tier war, war sie selber durch Kaiserschnitt auf die Welt gekommen, was ihr von Beginn an ein steriles Dasein ermöglichte. Sie war aus einer narkotisierten Mutter in einen Operationsisolator und von diesem in einen Aufzuchtisolator gelangt, wo sich ihrer eine keimfreie Amme angenommen hatte. Für ihre Arbeit allerdings wurde sie nicht in das neueste Isolatormodell gebracht, in das zwei armlange Handschuhe hineinlappen, die es erlauben, am Tier zu hantieren. Sie kam in eines der üblichen fensterlosen Barrierenhäuser. Dort lagen um die eigentlichen Tierräume die unreinen Arbeitsgänge und die unreinen Büros mit den Untersuchungsberichten und der Kurve an der Wand, die die Ratte um einen Punkt verlängerte. Die unreinen Arbeitsplätze waren vom reinen Bereich der Tiere durch eine Barriere getrennt. Labordiener und Doktorand mußten eine Duschenschleuse benutzen und sterile Kleidung anziehen. Die Menschen, mit denen die Ratte in Kontakt kam, waren Labormenschen ohne Nase und Mund, die Augen über einer Gesichtsmaske und die Hände desinfiziert. Die Waren, die in die Tierräume gelangten, passierten einen Autoklaven und einen Tauchtank. Keimfrei war auch die Einstreu, mit der sich die Ratte in einer Ecke eingerichtet hatte, nachdem die ersten Kämpfe um die Rangordnung entschieden waren. Keimfrei war das Wasser aus dem Getränkeventil, dessen geringer Druck erlaubte, nach Rattenart das Wasser zu lecken. Steril auch die Futterwürfel im Raufgitter. Abgeschlossen von der Welt und ihrer Unreinheit, war die Ratte hochempfindlich und sollte nicht auf

Unvorhergesehenes reagieren, sondern nur auf das, was geplant war. Zwei schwarze Punkte auf ihrem weißen Rücken markierten, welche Rolle ihr zugedacht war. Das Medikament war ihr nicht durch den Mund zugeführt, sondern in die Muskeln eingespritzt worden, und in der Folge wurde dreimal am Tag ihre Temperatur gemessen. Sie war der Gruppe D zugeordnet worden. Ihre Aufgabe bestand darin, zu reagieren »bei experimenteller Infektion und Applikation einer unbekannten Substanz in hoher Dosis«. Es sollte die mittlere letale Dosis ausgemacht werden, an der fünzig Prozent der Versuchstiere eingehen. Sie starb nach Dienstschluß, so daß sie eine Nacht neben anders markierten Tieren lag; da in dieser Zeit Veränderungen eintreten konnten, mußte dies beim Sezieren als mögliche Beeinträchtigung in Rechnung gestellt werden. Ansonsten war die Antwort der Ratte eindeutig gewesen. Man hatte an ihr erfolgreich ausprobiert, was man an andern zu vermeiden gedenkt.

Goldfisch, Katze, Hund
und Frösche
und am Ende Störche

Im Teich schwammen Goldfische. Zwischen Seerosen und Schlingpflanzen war das rötliche Schimmern und Glitzern zu sehen. In diesem Teich wohnten auch Frösche, die sich auf einem künstlichen Inselchen versammelten und im Schilf quakten. Der Teich war ein ehemaliger Burggraben. Im Gemäuer und auf den Zinnen wuchsen Moos und Farn. Im Burghof waren die Verliese mit den feuchten Kerkerlöchern zu sehen, Hieb- und Stichwaffen waren ausgestellt, ein Richtschwert und der Hinrichtungspflock, längst aus der Mode gekommene Folterwerkzeuge wie Daumenschrauben und eine Eiserne Jungfrau. Der Burghügel war ein beliebtes Ausflugsziel. Nicht nur Verliebte und Wanderer stiegen hinauf, nicht nur Familien und Schulklassen, es kamen auch Katzen. Die hockten auf das Umfassungsmäuerchen, langten plötzlich ins Wasser und holten Fische heraus. Da sich der Bestand der Goldfische ständig verringerte, aber noch viel mehr aus grundsätzlichen Überlegungen, protestierte der Goldfischzüchterverband. Ihr Präsident hatte lange Zeit als Direktor einer Exportfirma im Fernen Osten gelebt. Bei der Protestversammlung erzählte er die Goldfisch-Legende aus der Chung-Zeit: nach einer hunderttägigen Dürre sei endlich Regen gefallen und in den Pfützen hätten Goldfische gelegen. Die Züchter und Liebhaber sammelten Geld für einen Wachhund; es kam soviel zusammen, daß die Burgverwaltung den größten Hund kaufen konnte, der zu erwerben war. Die Bulldogge fletschte die Zähne und jagte den Katzen nach bis ins Dorf.

Nicht nur die Katzen verkrochen sich, sondern auch die Kinder. Eine junge Mutter erschrak so sehr, daß sie den Kinderwagen losließ, der mit einem Postauto zusammenstieß. Ernst wurde es, als die Bulldogge einen Kater riß und eine prämierte Angorakatze zu Tode biß, die nie gefischt, sondern erwiesenermaßen von Dosennahrung gelebt hatte. Da berief die Katzenliga eine Versammlung ein. Bevor sich die Katzenfreunde trafen, tauchte an Hauswände und Scheunentore gesprayt der Spruch auf: »Hund weg«. Dies mobilisierte die Kynologen-Vereinigung, die zu einer außerordentlichen Sitzung einlud, um über die hundefeindlichen Strömungen der Gegenwart zu beraten. Daher nahmen auch Vertreter des Hunde-Dachverbandes an der Versammlung der Katzenfreunde teil. Man fand sich in einem Kompromiß, dem auch der Burgverwalter zustimmte, da Besucher-Boykott angedroht und bereits Spazierwegsperren errichtet worden waren, zudem erklärte sich die Katzenliga bereit, einen Protest der Kynologen gegen die Erhöhung der Hundesteuer zu unterschreiben. Die Bulldogge kam an die Kette; diese durfte nur bis zur Zugbrücke reichen, hingegen brauchte der Hund keinen Maulkorb zu tragen. Nachdem der Hund an der Kette lag, schlichen wieder die Katzen heran und fischten. Das Angebot war umso verführerischer, als die Goldfischzüchter neue Bestände eingesetzt hatten, darunter seltene Exemplare von Silberfischen. Die fischenden Katzen waren erneut ein dringlicher Anlaß für eine Zusammenkunft zwischen dem Burgverwalter und den Goldfischzüchtern mit Bevollmächtigten der Katzenliga und der Hundefreunde. Die Aussprache wäre ergebnislos verlaufen, hätte nicht der Lehrer, der als Protokollführer amtete, sich zu Wort gemeldet. Er war eben von einer Studienreise aus den USA zurückgekehrt, wo er den Lebensbedingungen der Lurche in der spätindustriellen Gesellschaft nachgegangen war; bei seinen Expeditionen hatte er auch eine Reihe von Tümpeln im Mittleren Westen aufgesucht. Dort war er auf eine einzigartige Spezies von Fröschen gestoßen: diese würden zwar auch nach Art der Wasserfrösche Luft über Kehlkopf und Stimmbänder streichen lassen, aus den Lungen in die Mundhöhle und zurück, und sie würden die Luft vom Mundboden zu den Schallblasen leiten, diese seien aber enorme Resonanzböden, ihr dröhnender Schall werde jede Katze verscheuchen, ohne ihr Schaden zuzufügen. An der Gemeindeversammlung wurde aus dem ›Fonds für die Erhaltung des Ortsbildes‹ ein Sonderkredit bewilligt für einen Posten ›ranae mundi novi septentrionalis titanicae vociferentes‹. Eine Physiotherapeutin, die seit kurzem im Dorf wohnte und in der Bibliothek die Kinderecke und das Regal für Randgruppen betreute, verlangte Auskunft, weshalb zwanzig Männchen und nur zehn Weibchen bestellt werden sollten; sie erklärte sich mit der Antwort zufrieden, daß bei dieser Art wie bei vielen Wasser- und Laubfröschen die Männchen lautstärker seien und mehr Lärm machten. Obgleich die Einfuhrpapiere mangelhaft ausgestellt waren, gab der Veterinärbeamte am Zoll die Kisten gleich frei, da man wegen des Froschlärms sich in der Frachthalle nicht mehr mit menschlicher Stimme verständigen konnte. Fast das ganze Dorf und auch die aus der Neubausiedlung waren versammelt, als die Riesenfrösche in den Teich entlassen wurden; ihre quadratischen Leiber waren giftgrün und mit braunen Warzen besetzt. Deutlich war zu sehen, wie die Tiere atmeten, aber sie blieben stumm. Da begannen die kleinen Frösche, die auf dem künstlichen Inselchen zusammengerückt waren, zu quaken. Sogleich gab der erste Riesenfrosch

Laut, und die andern stimmten ihren quakenden Chor an. Die kleinen Frösche sprangen in die Luft und ins Wasser, die Katzen, die herumschlichen, liefen dorfwärts und kletterten auf die Zinne, und einige der Zuschauer wichen zurück. Die Bulldogge bellte gegen die Frösche aus der Neuen Welt an, doch diese bewiesen die größere Ausdauer, so daß der Hund sich erschöpft niederlegte. Und die Frösche quakten lange in die Nacht hinein, so daß einige Bewohner sich beklagten, sie hätten keine Ruhe gefunden. Es bestätigte sich, daß keine Katze sich mehr dem Burgteich näherte. Und im Teich flitzten die Goldfischmännchen den Weibchen nach wie noch nie. Doch dann fiel auf, daß kaum mehr ein kleiner Frosch auf den Seerosenblättern und zwischen dem Schilf zu sehen war. Es hieß, die großen hätten die kleinen vertrieben, aber auch, die großen fräßen die Kaulquappen der kleinen, wenn nicht gar diese selbst. So wurde zu einem Spontanprotest an einem Samstagnachmittag aufgerufen. Die eine Gruppe forderte auf einem Transparent »Platz für den einheimischen Frosch«. Die andere hatte sich bei der Zugbrücke versammelt und verteilte Handzettel: es gehe nicht an, ausländische Frösche ins Land zu holen und ihnen aus purem egoistischem Interesse Aufenthalt zu gewähren. Unabhängig von ihnen hatte sich ein junger Mann mit seiner Gitarre beim Schilf postiert. Er, der schon im Jugendgottesdienst aufgetreten war, hatte vor sich einen Karton, auf den er eine Mücke gezeichnet hatte: ›Alle reden vom Frosch und keiner von der Mücke‹. Er sang in Mundart das Lied vom ›Recht auf ein Mückendasein‹ und verglich im Refrain das Flügelschlagen des Insekts mit dem Wimpernzucken der Geliebten. Alle Protestierenden machten jedoch gemeinsame Front, als ein Gastwirt aus der näheren Umgebung vorschlug, das Froschproblem mit einer ›Gastronomischen Woche‹ zu lösen. Zu einem ›Treff der Betroffenen‹ kam es, als die Riesenfrösche auch im Feuerwehrteich mitten im Dorf auftauchten, so daß man in der nahen Gemeindekanzlei beim Telefonieren keinen Summton mehr, sondern nur noch Quaken hörte, und die Frösche ließen sich auch im Biotop hinterm Schulhaus nieder, so daß ihr Quaken in den Klassenzimmern selbst die lauteste Unterrichtsstimme übertönte. Wieder war es ein Lehrer, der den Rettungsvorschlag unterbreitete. Er zeigte an der Sitzung einen alten Stich; auf ihm war zu sehen, daß einst auf dem Kirchturm Störche genistet hatten. Man beschloß, aus dem Renovationsfonds für die Kirche einen Kredit lokkerzumachen, um fröschefressende Störche auszusetzen, Klapperstörche, aber solche, die hier schon einmal heimisch gewesen waren, weiße Stelzfüßler, die segeln und schreiten konnten – sie würden den Himmel bereichern, nicht umsonst heiße der Storch im Volksmund Adebar, Glücksbringer. Ein Mitglied der Kirchgemeinde protestierte dagegen, daß das Kreuz durch einen Storch ersetzt werden sollte. Man beschloß, Kreuz und Wetterhahn zu belassen und auf dem Dach des Mittelschiffs eine Kanzel zu errichten, auf der ein Storch seinen Horst bauen konnte, auch auf dem Kamin der ausgedienten Ziegelei und auf dem Turm der Mühle, die als Begegnungszentrum diente. Als der Vorsitzende zum Schlußwort ansetzte, meldete sich ein Bahnwärter schüchtern zu Wort: Was, wenn sie in Zukunft statt einem Gequak ein Geklapper hätten? Da wurde das Wort freigegeben für Vorschläge, die störchefressende Tiere betrafen. Es stellte sich heraus, daß Störche keine natürlichen Feinde haben. So ratlos man war, man ging zuversichtlich auseinander. Eingedenk der Burg, die für die Heimatkunde so wichtig war, und ihrer Hieb- und Stichwaffen, des Richtschwerts und des Hinrichtungspflockes, der Kerker und der Folterwerkzeuge war man zur Gewißheit gelangt, daß man sich im Notfall auf den Menschen verlassen kann.

Die Eule beim Präparator

Da es sich um einen Vogel handelt, benutzt der Dermoplastiker als zusätzliches Instrument einen Haken, mit dem er die Sehnen aus den Läufen entfernt. Um den Fäulnisprozeß zu verzögern und zu verhindern, daß nur das Skelett zu gebrauchen ist, injiziert er dem frischtoten Tier Brennsprit unter die Bauchdecke. Die Eule, die mit dem Einbruch der Dämmerung zu leben begann, liegt im Lichtkreis einer Arbeitslampe. Der Präparator stopft ihr Watte in Hals, Mageneingang und After. Er führt eine Nadel durch die Nasenlöcher und verknotet den Bindfaden. Dann zieht er dem Vogel, den er auf den Rücken gedreht hat, eine Linie über die Brust. Im Gefieder, das sich mit seinen braunen und schwarzen Tönen der Nacht anpaßt, legt ein Scheitel die Haut frei. Entlang dem Brustbein, das durchschimmert, vollführt der Präparator mit dem Skalpell einen Längsschnitt. Damit die Federn an den Schnitträndern nicht verschmutzen, bestreut er diese mit Kartoffelmehl und verwendet solches auch, um das Fett zu binden, und dafür, daß das gelöste Fleisch nicht wieder anklebt. Zum Entfleischen der Beine drückt er die Unterschenkel gegen die geöffnete Brust. Er durchschneidet mit einer Schere die Kniekehlen, so daß die Unterschenkel am Balg hängen bleiben. Er löst den Schwanz, indem er die Wirbelsäule genau vor den Kielen durchtrennt, ohne deren Ansätze zu verletzen. Nachdem er auch die Arme enthäutet hat, schiebt er, langsam und gleichmäßig, die Haut über den kurzen Hals und die Halshaut Stück für Stück über den

Kopf. Er achtet darauf, nicht die Ohrenklappen einzureißen, mit denen die Eule die empfindlicheren Gehörgänge im Innern schützte. Mit gleicher Vorsicht macht er sich an die Augen. Er schneidet die Hornhaut entlang der Iris, so daß sich die Augenflüssigkeit entleeren kann; nachdem er die Augenbecher mit Watte gesäubert hat, füllt er Ton ein. Wenn die Augen freigeschnitten sind, hebt er die Kopfhaut bis zur Schnabelwurzel ab. Danach räumt er den Schädel aus; da es ihm nicht gelingt, das Hirn als Ganzes nach hinten zu ziehen, kratzt er es stückweise mit einem Spachtel heraus. Er füllt die Schädelhöhle mit knetbarem Ton und belegt auch den Unterkiefer mit einer dünnen Tonschicht. Dann reinigt der Präparator Kopf- und Halshaut vom Fettgewebe, bepinselt sie mit einer Arseniklösung und vergiftet auch den Schädel gegen künftigen Insektenfraß. Nun zieht er die Kopfhaut wieder über und richtet die befiederten Ohrenklappen hoch, als sollten die beweglichen Schalltrichter nach wie vor das leiseste Geräusch auffangen und die Stelle orten, wo eine Maus piepst oder raschelt. Hinterher rückt der Präparator den kurzhakigen Schnabel in die Gesichtsmitte. Der ausgelöste Fleischkörper dient ihm als Vorlage für den Kunstbalg. Er umwickelt einen dicken Draht mit Holzwolle, Schicht um Schicht, und verfeinert an Einzelstellen die Form mit Bindfaden. Nun preßt er den künstlichen Körper in die Höhle, welche der natürliche zurückgelassen hat. Er stößt den dicken Draht unter dem Unterkiefer durch in die noch nicht verhärtete Schädelmasse. Körpergerecht spannt der Präparator die Naturhaut über den Balg, nachdem er durch diesen die Drähte für die Beine und die Flügel gestoßen hat und einen zusätzlichen für den Schwanz. Da die Wangen eingefallen wirken, stopft er durch die Augenhöhlen Watte nach. Er gibt dem Kopf einen Halt, wie ihn dieser nie besaß. Nun braucht die Eule auch nicht mehr ihren Kopf so zu drehen, daß der nach unten gebogene Schnabel aufwärts schaut, und der Kopf muß nicht mehr den Augen folgen, wenn diese ihre Blickrichtung ändern, denn sie schauen von nun an nur mehr in eine Richtung. Bevor der Präparator die Augen einsetzt, vergleicht er ihre Farbe mit der Abbildung im ›Augenkatalog der Vögel Europas‹. Behutsam drückt er die Glaskugeln ein, und nachdem sie festsitzen, stehen der Eule wieder nach vorwärts gerichtete Augen wie Halbkugeln ab, auch wenn die Sterne sich nicht mehr bei jedem Atemzug erweitern und verengen. Danach streicht der Präparator die kurzen Federn um Augen und Schnabel zurecht und gibt den Augen ihren Kranz und dem Gesicht seinen Schleier zurück; hinter ihm wird sich die Eule mehr verbergen als ihn mit ihrem Spähen durchdringen. Nun beginnt der Dermoplastiker mit dem Nähen, indem er die Nadel von oben nach unten führt und die Stiche so plaziert, daß jeder leicht mit Federn überdeckt werden kann. Nachdem er den Bindfaden verknotet hat, stäubt er vom Gefieder das Kartoffelmehl; er kämmt die Streifen und Kritzel nach unten. Zwar besitzt die Eule jetzt wieder Volumen, aber zu ihrer aufrechten Haltung kommt sie erst, indem der Präparator die Drahtenden, die am Schwanz und bei den Flügeln herausschauen, zurückbiegt und festklemmt. Behutsam preßt er gegen den Vogelkörper den Fransensaum der Schwingfedern, als müßte der noch immer die Schlaggeräusche verschlucken und den Flug lautlos machen. Zuletzt wendet er sich den Drähten zu, die aus den Beinen schauen. Er biegt diese um einen Ast. Die Eule, die in Mauerlücken und Baumhöhlen nistete, soll zu einem natürlichen Postament kommen. Der Präparator wählt einen Astknorren, auf dem er Moos und Flechten fixiert, und der Farbtöne aufweist, die der Eule auf der Flucht bei der Verstellung dienlich waren. Er richtet die Zehen ein, stellt den Wendezeh nach hinten und heftet jeden mit einer Nadel fest. Diese läßt er drin, bis das Tier trocken ist. Da sich beim Trocknen der Schnabel verfärbt hat, wird er mit Tuschkastenfarbe bemalt, eine zusätzliche Lackschicht verleiht ihm natürlichen Glanz. Auf einem Etikett notiert der Dermoplastiker neben Gattungsmerkmalen und verschiedenen Größenangaben auch die Spannweite der Flügel, mit denen die Eule einst zum nächtlichen Flug ansetzte. So präpariert und montiert überdauert im Schaukasten eines Schulzimmers der Vogel der Weisheit Generationen von Menschen.

Die Heuschrecken und ihr Floß

Woher sie kommen, darüber gibt es nur Vermutungen, auch wenn bei ihren Überfällen keine Zeit für Vermutungen bleibt, dafür umso mehr hinterher. Nicht einzeln kommen sie und nicht in Gruppen und nicht im Schwarm, sondern als Schwarm unter Schwärmen. Wenn die, die sich zusammentaten, aufsteigen, formen sie Wolken, die jene verdecken, die weiter oben hängen; sie bilden dunkle Wolken, obgleich ihre Körper gelb sind wie das Stroh und die Zitrone, und es sind durchzitterte Wolken, vorwärts getrieben von den Schlägen transparenter Flügel, und die Wolken sind nicht stumm, sie schwirren und schnarren. Die, die solche Wolken formen, kommen aus Eiern, welche Weibchen in den Boden gelegt und mit Schaumpaketen versehen haben. Nachdem sie ausgeschlüpft waren, krochen sie wie Würmer mühsam vorwärts und mußten ihre Hülle abstreifen, um sich ungehindert fortbewegen zu können, sie sammelten sich zu Kolonnen und die Kolonnen zu Zügen, und die Züge schlugen eine gemeinsame Richtung ein, jedes Hindernis nehmend, ob Grat oder Graben, ungeachtet der Verluste Bäche durchquerend, was immer sie vorfanden, verzehrten sie, wuchsen dabei und häuteten sich und rückten vor und häuteten sich von neuem, wurden größer, je weiter sie vordrangen, und je größer sie wurden, umso mehr fraßen sie, bis sie Stummel von Flügeln ansetzten und eine Verschnaufpause einlegten, ohne das Fressen aufzugeben; sie hüllten sich noch einmal ein und sprengten die Hülle mit dem Druck ihres Blutes, reckten ihre Panzer und spannten die Flügel, probierten diese aus und kehrten in Kreisflügen an ihren Startort zurück. Dann aber brachen sie, die endgültig Heuschrecken geworden waren, zur großen Wanderung auf. Sie brauchten dafür keinen Weg, sie machten sich die Wege selber und machten aus allem einen Weg, und die Wege, die sie hinter sich ließen, waren Kilometer breit. Und so kommen sie nun, kriechen nicht mehr, sondern hüpfen, und springen nicht nur, sondern fliegen, sind zugleich auf dem Boden und in der Luft unterwegs. Sie kommen aus heiterem Himmel, den sie verdüstern, und sie kommen nach dem Hagel, um das zu holen, was dieser nicht zusammenschlug. Sie fressen, was zufällig an Böschungen wächst, und das, was gepflanzt worden ist, was Frucht ansetzt, Frucht trägt oder Frucht getragen hat, ein Tal hinunter und den Hügel hinauf. Und wenn sie, kribbelnd und krabbelnd, an Büschen und Bäumen das Laub und das letzte Blatt gefressen haben, hokken sie sich auf die nackten Äste und Zweige, reiben die Schrillrinnen ihrer Sprungschenkel an der gezähnten Kante ihrer Flügel und zirpen. Sie stimmen einen Abgesang an auf die Öde, die sie hinter sich lassen, und heißen alles willkommen, was noch grün ist. Dann richten sie ihre großen Augen auf ein unbekanntes Ziel, brechen auf und rücken vor, Feld um Feld, sich von Garten zu Garten durchfressend, und wenn sie ein Brachland durchqueren, ist dieses hinterher brach wie nie zuvor, und machen sich an die nächste Weide, am Vieh vorbei und unter ihm durch. Und stellen sich Häuser in den Weg, mögen unzählige an den Mauern aufschlagen und zu Boden fallen, die andern fliegen darüber hinweg und wieder andere dringen ein, durch Türen und Fenster, und sind diese verriegelt und verschlossen, durch Ritzen und Löcher. Sind es Lagerhallen, machen sie sich über die

Orangen und über die Feigen her, die auf den Verlad warten. Dann aber gehen sie wieder an Hirse und Korn, an alles Getreide, das an Halmen wächst, auch an das, welches gedroschen worden ist und sich in den Mühlen stapelt, aber auch an das, welches bereits zum Bäcker und in Küchen gelangte. Doch sind sie schon wieder auf dem offenen Feld unterwegs, in der Luft und am Boden, schwirrend und knarrend, und durchwandern das Land, bis es aufhört. Die Küste selber gerät in Bewegung, als bekämen die Sandkörner Flügel und würden nicht nur Moos und Flechten, sondern die Felsen selber hüpfen. Das Zirpen durchdringt das Tosen des Wassers mit dem Werbegesang und mit dem Rivalenlaut und dem Ansprunglaut. Die Weibchen bohren mit ihren Stacheln Löcher in den Boden, legen Eier hinein und kleben Schaumpropfen drauf. Dann setzen alle zum Sprung und zum Flug an. Die, die weiter oben fliegen, werden vom Wind in die eine Richtung getrieben, und die weiter unten in eine andere, doch dann finden sie sich auf gleicher Höhe und bilden kompakte Schwärme, die gegen den Wind nichts vermögen, die der Wind aber auch nicht auseinanderreißen kann. Sie fliegen aufs Meer hinaus, weg von der Küste, wo noch Vögel die Heuschrecken jagten, über einem Wasser, das kahl ist, als wären schon andere Schwärme darüber hergefallen, über Wellen, auf denen nichts gedeiht und wo das Grün nur ein Schimmer ist. Sie kämpfen sich durch, nicht mehr hüpfend und springend, nur noch flügelschlagend, bis die ersten vor Erschöpfung niederfallen und von den Wellen weggespült werden. Doch dann fallen sie massenweise, ein Regen lahmer Flügel. Die Tiere, die zuhauf und gemeinsam ertrinken, verhaken sich mit ihren Sprungbeinen und Flügeln, und selbst die Fühler verweben sich, und die Ertrunkenen flechten ein Floß. Und die, die später fallen, klatschen darauf. Viele werden vom Aufprall weggeschleudert, andere hüpfen im Wasser und vergrößern das Floß. Doch ebenso viele bleiben liegen, erheben sich krabbelnd und kriechend, halten sich an die, die auch noch atmen, geben einander Deckung, rücken zusammen, und alle klammern sie sich an die Toten unter ihren Füßen und sind, den Kopf gesenkt, stumm wie diese. Das Floß leistet Widerstand, indem es sich hingibt, sich treiben läßt, wohin der Wind es auch jagt, dem es gefällt, sie in die Richtung zu treiben, aus der sie kamen. Kaum spüren sie die Küste, lösen sie sich von einander, setzen zum Sprung und zum Flug an und überlassen das Totenfloß dem Wasser. Was sie als erstes bei ihrem Anflug wahrnehmen, sind die weißen Punkte der schaumversiegelten Löcher, und dahinter tut sich ein Land auf, das gelb ist wie ihre Körper und fahl. Sie, die aus der Öde kommen, machen aus jeder Fremde jene kahle Heimat, aus der sie schon einmal aufgebrochen sind.

Der Elefant im Winterquartier

Er ist am Fuß angekettet, die Kette ist an einen Pflock geschmiedet, der Pflock in den Boden zementiert. Er hält den Kopf gesenkt. Die kleinen Augen schauen zwischen Wülsten hervor; über ihnen Härchen, die dem Elefanten aus seiner Jugend geblieben sind. Wenn er den Kopf hebt, nimmt er an der gegenüberliegenden Wand den pilzigen Wasserflecken nicht wahr, der sich bis zum Oberfenster hinzieht; das milchige Glas ist weiß, auch wenn es draußen nicht schneien würde. Und wenn der Elefant den Kopf zum Eingang wendet, nimmt er auch nicht das Zirkusplakat zur Kenntnis, das über dem Werkzeugkästchen ›Feueralarm‹ angebracht ist, ein Bär mit Tirolerhut, der auf einem Einrad fährt und einen Sonnenschirm in der Tatze hält. Auf der andern Seite des Ganges ist die Giraffe angebunden; sie postiert sich nicht vorn bei der Abzugsrinne, wo das Dach so hoch ist, daß sie in ihrer ganzen gesprenkelten Länge aufrecht stehen kann; sie hat sich an die Wand zurückgezogen und frißt im abfallenden Dach am Loch weiter, das schon groß genug ist, den Kopf durchzustrecken, und wie sie das tut, besteht sie nur noch aus vier Beinen und einem langen Hals. Der Elefant schaut aus seinem platten Gesicht vor sich hin. Er holt mit seinen ledrigen Lappen aus, dabei treten die mächtigen Wurzeln seiner Ohren hervor; er klatscht sie an die runzlige Haut, stellt sie flattrig hoch und schlägt noch einmal mit ihnen gegen das Genick. Der kleine Elefant hat sich quergestellt und klammert sich mit seinem Rüsselfinger am Schwanz des großen fest, was die dichten, drahtigen Borsten kaum bewegt. Der große steht da, nichts als Platz einnehmend, einer Rasse angehörend, die am meisten Kilo fürs Leben mitbringt, schwergewichtig auf den hohen Säulenbeinen. Er hebt einen Fuß, hält die verhornte Sohle nach vorn, und weil er sich reckt, werden an seiner Brust die beiden Saugwarzen sichtbar. Er stampft mit dem Fuß gegen den Boden, prüft die Tragfähigkeit des Zements; er klopft den Grund ab, der kaum mit einem Echo antwortet, und dann verharrt er still. Einen Moment lang ist der Luftzug aus den Heizungsgittern zu hören. Doch dann hebt der Elefant seinen Rüssel hoch, tastet die Luft ab und biegt ihn zu einem Haken, als wolle er sich mit seinem Gewicht daran hochziehen. Wieder hebt er einen Fuß, als nehme er in einem Manegerund den Tritt einer Leiter und steige auf ein Podest, auf dem er knapp Platz hat und wo er sich um sich selber dreht. Er zieht mit dem Fuß einen Kreis, läßt den Fuß weiterkreisen und legt mit langsamen, schwerfälligen Kreisen einen Weg durch den Dschungel zurück, auf einem Wechsel unterwegs von einem Dickicht zu einer Tränke, als hingen hinter ihm an der Wand Lianen und nicht Stricke, als scheuche er vom Stapler, auf dem Strohballen liegen, Vögel auf. Doch wie er den Fuß wieder aufsetzt, knickt er Halme und nicht Äste und Buschwerk, und die Kette raschelt im Stroh. Das Licht aus den Neonröhren macht seine graue Haut blauer. Es sammeln sich Schatten in der Mulde unter seiner Stirn, auf der er manchmal ein Glitzerdiadem trägt. Der junge Elefant scharrt mit und schaut dem großen ab, wie man an Ort tritt; er hat den Schwanz losgelassen und reibt seinen Kopf am Bauch des großen und schaut unter ihm hindurch zu einem Haufen grünbelaubter Zweige. Der große hält still. Der kleine geht in die Knie, rutscht ein Stück weit und dreht sich zur Seite.

Da streckt der große Elefant erneut seinen Rüssel. Er richtet die Spitze nach oben, formt sie zu einem Trichter und setzt zum Trompeten an; doch gibt er kein Signal. Was er aussto-ßen wollte, fällt stumm mit dem Rüssel nach unten und pen-delt aus. Dann macht der Elefant einen Schritt zur Seite, als weiche er etwas aus, das nur er sieht; er hebt kaum den Fuß vom Boden, setzt ihn wieder auf und macht mit dem andern Fuß einen Schritt in die Gegenrichtung. Er wiederholt diese Schritte, und die Schritte werden jedesmal etwas höher und folgen rascher aufeinander. Das Hin und Her versetzt die Haut, die herunterlappt, in Schwingung, und der Vorder-körper beginnt sich zu wiegen. Der Elefant, der sich nur noch mit den Hinterbeinen auf dem Boden hält, treibt damit das Blut, das sich in den Beinen gestaut hat, nach oben und schickt es durch die Massigkeit seines dicken Rumpfes und durch den kurzen Hals. Der eingerollte Rüssel schau-kelt mit, der Kopf folgt dem Schaukeln und die Ohrenklap-pen schlingern. Auf der Wand wiederholen Schatten, ge-knickt und verzerrt, die Bewegung. Der kleine Elefant wacht einen Moment aus seinem Dösen auf und hebt den Kopf, während der große fortfährt, die Beine hin und her zu bewegen. Die Kette schleift am Boden und raschelt im Stroh; sie schlägt hell an den Pflock und dumpf an den Fuß, knarrt, wenn sie gespannt wird, und klirrt, wenn sich die Einzelglieder aneinander reiben. Die gleiche Kette, die das Tier zum Tänzeln zwingt, liefert dem Elefanten die Musik zu seinem Tanz, einen rasselnden Rhythmus.

Der Igel bei der Ausbürgerung

Eine stachlige Kugel an der Böschung. Deutlich der dunkle Profilabdruck von Reifen, eine Schleife gegen die Straßenmitte und eine scharfe Kurve gegen das Bord, in einer braunroten Lache unter verklebten Stacheln zerquetschtes Fleisch. Weiter vorn hält am Straßenrand ein Auto. Als erstes klettert ein Mädchen aus dem Wagen, läuft zur Unfallstelle und entdeckt das stachlige Bündel an der Böschung. Die Großmutter ruft dem Kind nach, es solle den Igel lassen, man wisse nie, was so ein Tier habe. Die Mutter bittet den Vater, der sich hingekauert hat und die Vorderreifen prüft, er solle wenigstens das Tier von der Straße schaffen; und er schiebt mit dem Schuh den Klumpen, der am Asphalt klebt, gegen einen Kilometerstein. Das Mädchen kitzelt mit einem Ästchen den kleinen Igel, der die Stachelhaube nach vorne schiebt; es möchte das Tier mitnehmen. Das fehle gerade noch. Doch die Mutter meint zum Vater, er habe die Igelin überfahren, und der braust auf: sie könne froh sein, daß ihnen selber nichts passiert sei. Das Mädchen jammert, nie dürfe es etwas. Die Großmutter tröstet, vielleicht werde es ein Kätzchen erhalten. Doch die Mutter schüttelt den Kopf: im Mietvertrag stehe, daß sie keine Haustiere halten dürfen. Ein Igel sei kein richtiges Haustier, und nur bis er groß ist. Die Mutter fragt sich, ob es nicht richtiger wäre, wegzufahren, bevor jemand kommt. Der Igel hat die Stacheln angelegt, und das Mädchen streichelt mit den Fingerspitzen darüber. Wenn es verspreche, auf das Tier aufzupassen? Die

Großmutter holt aus dem Wagen die Picknickdecke, sie schieben den Igel darauf, wickeln ihn ein und verstauen das Paket im Kofferraum. Der Vater verspricht, am andern Tag mit dem Tierspital zu telefonieren. Aber am andern Morgen ist der Igel nicht mehr in seiner Ecke. Er hat sich im Badezimmer hinterm Duschvorhang verkrochen, und der Vater wäre beinahe mit nackten Füßen draufgetreten. Er ist dennoch bereit, das Tierspital anzurufen. Der vom Tierspital will wissen, ob es ein Braunbrustigel sei; aber er ist unten am Bauch grau; und dann will der vom Spital auch noch wissen, wie schwer der Igel sei, wegen des Winterschlafs, und das Mädchen verspricht, das Tier regelmäßig zu wiegen, aber es soll vorher auf die Küchenwaage noch ein Papier drauftun. Nachdem der Vater aufgelegt hat, meint er, nun wisse er es, aber er möge noch nicht alles sagen. Er stellt das Schälchen weg, weil Igel keine Kuhmilch vertragen. Das Mädchen klagt, er habe überhaupt nichts getrunken. Es legt das Tier auf den Rücken und möchte nachschauen, ob es ein Bub oder ein Mädchen ist; aber die Großmutter sagt, das komme bei einem Igel nicht so drauf an. Nach der Schule geht sie mit dem Mädchen in eine Zoohandlung und danach in die Tierabteilung eines Warenhauses, sie kaufen nicht eine Katzenflasche, sondern eine Pipette, die es auch tut. Die Großmutter holt die Skihandschuhe, bevor sie dem Igel die Pipette geben; sie müssen ihm den Sauger ins Maul stoßen, bis er zu nukkeln beginnt. Aber als der Vater am Abend sein Bier aus dem Eisschrank holt, wird er wütend, weil er die Dose mit den Mehlwürmern gefunden und daran gerochen hat. Die Großmutter sagt, sie könne mit ihrer Rente machen, was sie wolle, und die Mutter zeigt die Kiste, die sie gratis erhalten hat, man müsse nur noch ein Loch hineinsägen. Als der Vater das Schlafhaus ins Kinderzimmer bringt, verteidigt das Mädchen den Igel, der könne nichts dafür, daß sich der Vater auf die Finger gehauen habe. Der Vater will auf alle Fälle etwas nicht, nämlich daß die Mitbewohner sich beklagen, weil es im Treppenhaus nach Igel stinkt. So sprayen sie, und es riecht in der Wohnung nicht nach Igel, sondern nach Fichte. Die Mutter mahnt, der Igel dürfe nicht in die Zimmer, wo Teppiche sind, sie könne nicht immer hinter ihm herputzen. Aber der Igel habe schon längst keinen Durchfall mehr. Die Großmutter und das Mädchen beschließen, nicht zu sagen, daß Igel auch Flöhe haben. Als eine Tante zu Besuch kommt, weiß die, daß Igel Kühe melken, was dem Vater gleichgültig ist, da sie keinen Stall hätten, und die Tante weiß auch, daß Igel Mäuse fressen, was die Mutter ärgert, da sie auch keine Mäuse hätten. Aber dann erschrecken sie alle eines Tages, als sie auf dem Boden Stacheln finden, die der Igel verloren hat. Der Vater telefoniert wieder mit dem Tierspital und erfährt, daß auch Igel »haaren«. Das Mädchen führt seinen Schulkameraden vor, wie sich der Igel zusammenrollt, wenn man ihn nur leicht an den Schnurrhaaren berührt, und sie spielen einen Nachmittag lang mit dem Tier Zusammenrollen, weil es jeder einmal ausprobiert. Da dem Igel Zähne gewachsen sind, erhält er im Haferflockenbrei auch Fleischstücke und Brocken von Katzenbiskuits. Doch der Vater hat verboten, Schnecken in die Wohnung zu bringen, auch wenn der Lehrer dies hundertmal empfehle. Aber auch er wird nachdenklich, als der Igel Schaum absondert. Er nagt an einem Pantoffel und streicht sich den weißen Speichel auf den Rücken. Diesmal telefoniert die Mutter mit dem Tierspital, weil sich der Vater nicht noch einmal blamieren will: Es sei normal, daß sich Igel selbst bespeicheln, die Verrenkungen hätten nichts zu bedeuten; alle schauen dem Igel zu und fragen sich, wozu das gut sein soll. Als der Igel eines Tages sich hinter dem Heizkörper versteckt und fast nicht mehr hervorgeholt werden kann, bringt die Großmutter das Heizkissen, das man ihr wegen des Rheumas geschenkt hat. Doch dann kugelt sich der Igel ein, und die Stacheln stehen ihm kreuz und quer ab. Der Vater weiß, das dies der Winterschlaf ist, der bis zum Frühling dauert. Sie streiten, wann Frühling ist, ob wie im Kalender oder erst nach den Eisheiligen. Sie bringen den schlafenden Igel in den Keller. Als die Großmutter an Weihnachten den Ständer für den Christbaum holt, erinnern sich alle an das Tier und beschließen, es in der Ecke des Kinderzimmers weiterschlafen zu lassen, wo sein Schlafhaus hinterm Papierkorb kaum Platz wegnimmt. Eines Nachts fährt das Mädchen aus dem Schlaf auf; es hörte einen Fall. Der Igel war auf einen Stuhl geklettert und hatte sich herunterfallen lassen. Er schnüffelt am Boden, kratzt sich mit den Hinterbeinen und schüttelt sich. Sie beschließen, ihn noch einmal richtig fressen zu lassen. Dann fahren sie an einem Sonntagmorgen hinaus wegen der Ausbürgerung; alle wundern sich, bis der Vater zugibt, er habe das Wort vom Tierspital. Sie wissen nicht mehr genau, wo sie den Igel aufgelesen haben, aber so genau komme es auch nicht drauf an. Das Mädchen setzt den Igel auf die Böschung, und die Großmutter legt daneben eine Papierserviette mit Mehlwürmern drauf. Der Igel bleibt vorerst ruhig. Da flüstert der Vater der Mutter ins Ohr: Jetzt könne er es sagen, ein solcher Flaschenigel habe sich an die Menschen gewöhnt und werde von den andern nicht mehr akzeptiert. Das Mädchen bückt sich zum Tier. Etwas lauter fügt der Vater hinzu: Der ist für die Erhaltung seiner Art unnütz. Da beginnt der Igel zu gehen. Er, ein Einzelner, rutscht die Böschung hinunter in die Freiheit; er drückt seinen Kopf an die Brust, überschlägt sich und fängt den Aufprall ab mit den gesträubten Nacken- und Rückenstacheln seiner Gattung.

Das Krokodil beim Öffnen des Auges

Über dem Wasser zunächst bloß die Augen, geschlossen. Kein Spähen und kein Suchen. Dunkel schimmert die längliche Schnauze, an der Spitze ragen die Nasenlöcher heraus. Zwei Halbmonde mit wulstigen Rändern. Ein Vogel setzt sich auf die Stirn zwischen die Augenbeulen. Die Augen bleiben geschlossen. Nervös pickt der Vogel an den Hornplatten und dreht sich, bevor er wieder hochfliegt, gegen den Hals. Regungslos das Krokodil. Auf der Höhe des Wasserspiegels der Oberkiefer, vereinzelt stehen Zähne nach unten ab. Kein Wellengekräusel verrät, daß der Rumpf, der schief im Wasser hängt, mit schwachen Ruderstößen die Lage hält. Flimmernde Ruhe. Das Licht erstarrt in seinen Schatten. Neben den Schläfenfenstern die geschlossenen Augen und in ihnen ein schmaler Spalt. Da schießt das Krokodil auf und wirft seinen Schwanz hoch. Der holt aus und zerschneidet mit der Kammsäge seiner Höcker die Luft, saust nieder, peitschend zerteilt er das Wasser, das auf zwei Seiten spritzt, ein splittriger Regenbogen, zerstückelt fällt er in sich zusammen und platscht auf, wo in einem schäumenden Strudel der Schwanz untertaucht. Auf den aufgewühlten Wellen schaukelt eine Orangenschale, und es treiben abgerissene Blüten mit. Die Wellen schlagen an die Mauern, eine einzelne verläuft sich unter der Klappe des Durchschlupfs, der zum Reptilienhaus führt. Das Krokodil rutscht ein Stück weit hoch. Einen Moment stellt es sich auf seine niedrigen Vorderbeine, watschelnd zieht es den Echsenkörper nach und läßt sich mit einem stimmlosen Laut auf den Bauch fallen. Das Krokodil drückt den Kopf gegen den abgeschliffenen Fels, der ansteigt, leicht terrassiert bis zu einem Stück nachgebauter Sandbank. Die Schnauze flach am Boden, zwischen den lippenlosen Kiefern die zugespitzten Zähne, die gegeneinander stehen, ein Maul, das bis hinter die Ohren reicht. Der kurze Hals leitet über zu einem bronzegrünen Archipel von Risten. Das Krokodil liegt da, als habe sich nichts bewegt, und doch hat eine Bewegung stattgefunden, die sich aber längst auf dem Grund verloren hat. Der Stein gibt die Wärme ab, die er von der prallen Sonne empfing. Um den Kopf hat sich eine Lache angesammelt, die, Ränder bildend, allmählich trocknet. Weich, mit unsicheren Konturen, ein Schatten, bewegungslos, lauernd und lungernd. Die Augen mit ihrem schmalen Spalt noch immer geschlossen. Es rieselt von den rechteckigen Schuppen und Platten. Der Panzer glänzt; zwischen den Zehen, die bis zur Wurzel gespalten sind, einige Tropfen. Ein Luftzug bewegt ein Papierchen, das vor der Schnauze liegt, und ein Vogelflaum wirbelt. Da wird der Spalt eine Nuance breiter. Das Krokodil beginnt sein Auge zu öffnen. Es ist auf die Mauer gerichtet, die sein Wasser begrenzt. Wo dieses aufhört, hat Moos angesetzt und ziehen sich schwärzliche Schlieren hin. Langsam schieben sich die Lider auseinander. Zögernd und mit gelassener Bestimmtheit. Bedächtig kriecht der Blick die Mauer hoch, bis zur Stelle, wo diese bröckelt, als hätten Zähne hineingebissen, denen Beton keinen Widerstand leistet. Je mehr die Lider auseinandergehen, um so höher wächst die Mauer, und je höher die Mauer wird, um so unerklimmbarer wird sie. Oben von der Brüstung hängen zwei kleine Arme herunter, daran zarte Fingerchen. Ein Wuschelkopf, der sich niederbeugt und unter ihm die Andeutung von einem weißen Hals, an dem ein Kettchen baumelt. Auf den Locken eine größere Hand, kräftiger die Finger, aber nicht nur knochig, ein weicher Handballen, ein knakkiges Handgelenk mit einer Uhr, dahinter eine braune glatte Haut, festere Arme mit zwei Narben und ein abstehender Ellbogen. Unter der Haut spannen sich Sehnen und Muskeln, über dem saftigen Oberarm eine Schulter von bekömmlicher Rundung. Ein Hemd verhüllt die Brust, über dem Kragen stopplige Haut, Wülste um ein Kinn, weiche Wangen, volle Lippen und eine gepolsterte Nase. Und darüber Augen, die offenstehen wie das Auge des Krokodils. Offenen Auges klappt das Krokodil den Oberkiefer hoch. Das Maul ist aufgesperrt bis zum Gaumen. Auf dem Boden der Mundhöhle eine kurze platte Zunge. Die Zähne gläserne Kegel, geschliffen und mit harten Rändern, jeder in eine Höhle eingekeilt und alle leicht nach hinten gekrümmt zum dunklen Schlund. Doch das Krokodil richtet die Schnauze nicht gegen die beiden Besucher, die winken und gestikulieren und sich nicht benehmen, als seien sie für die Tränke ans Wasser gekommen oder um Wäsche zu waschen, um Vieh durchzutreiben oder um selber hinüber zu gelangen. Das Krokodil streckt seine aufgesperrte Schnauze gegen den Kamin des Reptilienhauses. Ein erwartungsloser Rachen, der gähnt und der vor Gähnen das Maul nicht mehr zumacht. Im Auge immer noch die rosige und gebräunte Haut, Unverdaubares wie Kettchen, Uhr und Ring, Muskeln begrenzt und verdeckt von Haar und Stoff, was als Gewöll hinterher ausgeschieden werden müßte, nacktes Fleisch zum Hineinbeißen und zum stückweise Abreißen. Groß ist der längliche Stern im meergrünen Auge des Krokodils aufgegangen. Das Auge so weit offen, daß die Mauer in ihrer ganzen Höhe und die beiden

Besucher darin Platz finden und die Tafel ›Füttern verboten‹. Langsam beginnen die Lider sich gegeneinander zu schieben. Und die Mauer wird kleiner. Wie sich die Lider geschlossen haben, bleibt nur ein schmaler Spalt. Das Krokodil holt seinen Blick zurück in ein knöchernes Dösen unter alterslosen Schuppen und Schildern, all das draußen lassend, was es beim Öffnen seines Auges gesehen hat.

Die Languste in der Auslage

Fünf gekreuzte Bestecke, unter der plastifizierten Tafel hängt eine fasrige Hanfschnur, sie ist um den Panzer der Languste gebunden und dort zwischen zwei Brustringe in eine Rille gerutscht, das Hinterteil mit dem Muskelfleisch schwebt aufrecht. Der Boden des Schaukastens erinnert mit seinem schwärzlichen Blau an Meerestiefe, ein eingefärbter Spiegel mit blinden Stellen, die aufleuchten. Eine Schüssel voll Jakobsmuscheln, die Schalen auf Glanz gebürstet, reflektieren das flackernde Neonlicht. In einer zweiten Schüssel Schnecken, hingeschüttet, die Gehäuse zum Teil zerbrochen, einige nicht größer als ein Daumennagel. Was von den Tintenfischen verwendet wird, hat sich in eine zerstückelte Sternblume verwandelt; vom roten Zentrum einer Tomate strahlen die weiß geputzten Beutel knorpelfrei ab, getrennt durch runzlige Oliven. Auf einer Platte kleine Crevetten, ein Haufen von Fühlern und Beinen, darüber Augen gestreut. Die größeren ausgerichtet; in sich gekrümmt, gibt jede der vordern den Halt, den sie von der hintern erwartet, durch ihren glasigen Panzer schimmert das rosa Innere. Von Selleriestangen beschützt die Taschenkrebse, aufeinander getürmt, eine Riege von Riesenspinnen, die eine Pyramide baut, die behaarten Schreitbeine von sich gestreckt und sich an Ort abstützend. An die Wand gelehnt ein einzelner Krebs; obwohl seiner Gehwerkzeuge nicht beraubt, versucht er sich auf den Scheren fortzubewegen, die eine Zange zum Knacken weit aufgesperrt. Auf einem Glastablar die Hummer; in einem niedrigen Wald von Petersilie bilden sie einen Zug, als seien sie auf einer ihrer nächtlichen Wanderungen von den Weichtieren zurück in ihre Schlupfhöhlen, vom Licht überrascht, erstarrt. Abgerückt von den Schalentieren auf einem Brett ein Barsch, in seine silbrige Haut bereits die Portionenaufteilung eingeritzt; die Flossen, die er für sein Schwimmen im Sud nicht mehr benötigt, sind mit Zitronenscheiben abgedeckt. Neben ihm Heilbutte, die dunkle schillernd-glitschige Schutzseite verbergend, die bleiche Fläche, die einst gegen den Grund lag, nach oben, ein geöffnetes Maul in einem Zwiebelring gefangen. Über den Flossen und Fühlern, den Scheren und Schalen, den Gehäusen und Schüsseln die Languste an ihrer Schnur. Die abgerundeten Panzerplatten ineinandergeschoben, der Kopf verkriecht sich in der Brust. Die Beine setzen sich in Bewegung, mehrfach geknickte Ruder, und jedes rudert für sich. Die Languste dreht in einem sanften Strudel. Der Rücken ist überkrustet von Warzen und Höckern, ein bräunliches Rot, das sich eingefressen hat, als roste der Panzer an der Luft. Dann zeigt die Languste wieder ihren hellen Bauch, von Dornfortsätzen umrahmt, und streckt ihren Hinterleib mit dem Muskelfleisch der Straßenseite entgegen. Unbeweglich die Augen, sie stehen ab und haben kaum etwas mit dem hängenden Körper und seinen rudernden Beinen zu schaffen, rubinrote Stecknadelköpfe, die man herauslösen und woanders einsetzen könnte. Da beginnen die beiden Antennen zu zittern; es ist kein Luftzug, der sie vibrieren läßt, ein Zucken, das kein Nachzucken ist. Die Languste hebt ihre Kieferbeine, dünne körperlange Stecken; während der eine irgendwohin zeigt, richtet sich der andere gegen die Scheibe und stützt sich am Glas ab. Dort, wo die Menukarte mit einem Klebeband befestigt ist, neben dem Datum und den

Tagesspezialitäten darunter: Bohneneintopf mit Würsten nach Hausfrauenart, Spanferkel aus dem Ofen und Lendenstücke an Morchelsauce mit Gemüsebouquet. Das Steckenbein gleitet über die Vorspeisen hinweg, über die Eier in Madeirasülze, die pürierte Suppe und die gemischten Salate, hinunter zu den ›Fischen und Meeresfrüchten‹. Crevetten nature oder gegrillt, Miesmuscheln in Weißwein gekocht oder ausgelöst auf Safranreis serviert. Die Languste scheint bei der Forelle zu zögern, die nicht in der Auslage zu sehen ist, sowenig wie der Fisch, der mit Mandeln zu haben ist, und jener, der in einer Marinade mit Lorbeer und Chili eingelegt war. Langsam rutscht das Bein zu den Krebsen, deren Schalen aufgeschlagen werden und deren Inhalt herausgenommen, zerkleinert, gewürzt und wieder hineingetan wird, so daß der Panzer als Schüssel fürs eigene Fleisch dient. Die Tintenfische werden im Brotteig und mit Füllung angeboten, in ihrem gedämpften Beutel gehackte Tentakel, mit Thunfisch vermischt. Dann kratzt das Bein am Glas, ein stumpfes Klopfen, es rutscht, fängt sich auf und hebt sich ein Stück bis zu den Langusten: gekocht oder gegrillt, dazu gewöhnliche Mayonnaise oder solche mit Knoblauch, an brauner Butter oder mit Krabbensauce. Mühsam macht sich das Bein los und hält inne bei den Hummern: lauwarm oder vom Grill und mit verschiedenen Beilagen. Doch dann sinkt das Bein zum ›Fleisch‹, wo die Preise nicht mehr per Kilo angegeben sind. Filets und Koteletts mit Paprikaschoten, Gesottenes und Geschmortes, Leber in Rotwein und Nieren mit Porto verfeinert, Zicklein vom Spieß, Kaninchen in der Kasserolle und Kalbshaxe mit Kichererbsen. Gleichgültig sinkt das Bein an den Desserts vorbei, den Caramelpudding, die Schokoladentorte, den Fruchtsalat und den Bergkäse über sich lassend. Es macht einen verlegenen Halt beim Hinweis, daß in den obigen Preisen Bedienung und Steuern inbegriffen sind. Schlaff hängt der Stecken über dem eingefärbten Blau des Meeresgrundes, wo in einer Ecke ein Brocken Eis schmilzt. Da taucht im Hintergrund ein Mann mit einer weißen Mütze auf, er schaut in die Auslage, rückt einen Hummer zurecht, als ob der aus der Reihe gekrochen wäre, rupft an der Serviette, die er sich als Halstuch umgebunden hat, und entfernt sich gleich wieder. Die rudernden Beine der Languste sind fast zum Stillstand gekommen, und sie selber ruht in ihrem Panzer. Doch dann klappt sie wieder eines ihrer Kieferbeine hoch, steckengerade ist es auf die Tafel mit den fünf gekreuzten Messern und Gabeln gerichtet, kippt und neigt sich gegen die Scheibe. Noch ist unklar, ob die Languste in einem einzigen langsamen Wisch die Menukarte durchstreicht, ob sie Posten um Posten durchgeht, um die Köstlichkeiten zu empfehlen, die an ihrer Stelle zu haben sind, oder ob sie die Zeile mit dem Angebot der Langusten sucht, um sich selbst anzupreisen.

Stilleben mit Haar- und Federwild

Am linken Bildrand im unteren Drittel eine ovale Keramikschale, ein verwaschenes Morgengrau mit milchigen Wolken. In der Schale Äpfel von poliertem, fast gläsernem Rot, und unter den Früchten, komplementär grün, eine mit runzliger Haut, am Stiel, klar abgehoben, ein einzelnes Blatt. Feinlinig umrissenes Reblaub, es umrankt Trauben, deren Beeren prall gefüllt sind von möglichem Wein. Das schmale Tischtuch verrutscht, die drapierten Falten in Unordnung. Das Linnen hat an einer Stelle einen dunklen Fleck aufgesogen, kaum auszumachen in der bestickten Bordüre. Ein Hase, hingeworfen, auf dem Rücken, etwas zur Seite abgedreht, langgestreckt der Körper, der sich zu winden scheint und der im Sich-Winden erstarrte. Die Hinterläufe gekreuzt, an eine Tragstange gebunden, von der eine Schnur baumelt. Der Hase streckt seinen weißlichen Bauch nach vorn, das Haar zwischen den Schenkeln kontrastiert mit dem Rückenfell; sein warmes Braun läßt vermuten, daß das Fleisch noch nicht erkaltet ist. Der Hasenkopf hängt über den Rand der Konsole. Die Löffel stehen ab und weisen nach unten zu einem Grund, der durch das vergoldete Gipsornament des Rahmens abgeschnitten ist. Weit offen die Nasenlöcher; sie gieren nach einer Luft, die sie nicht mehr benötigen. In der vordersten Bildebene der ausgehauchte Mund. Neben dem Hasen ein Fasan. Über den Tischrand hinaus im leeren Raum die Steuerfedern des schmalen Schwanzes; ein Lauf hat sich mit den Sporen im Linnen verhakt. Über dem bronzegrünen Gefieder metallischer Glanz. Der eine Flügel an den Körper gepreßt, der andere aufgefächert, wie zur Schau gestellt, auf der Innenseite die Kiele zart gezeichnet, die abgestufte Buntheit des Gefieders durch Tupfen angedeutet, von denen jeder für sich nach unten verblaßt und ausläuft. Vor dem Körper des Hühnervogels einige Federn, als hätte jemand mit dem Rupfen begonnen und es bleiben lassen. Am bläulichen Hals ein dunkel verklebter Striemen bis zum Genick, bloßgelegt die Haut und aufgerissen das Fleisch, der Flaum drum herum verfärbt. Der Hals ist nach hinten gebogen, mit unfreiwilliger Verve, und hochgezogen der Kopf. Im Schnabel ein Sträußchen Kräuter, deutlich zu erkennen die Thymianzweige. Geschrumpft die Kinnlappen, und über ihrem Rot erloschene Augen. Die Stumpfheit des Blickes wirkt noch stumpfer neben der schillernden Glasur einer leeren Schüssel. In ihrem Grund eine Girlande eingebrannt, ein Kranz von Orangen, durch den ein Sprung geht. Rissig auch der Firnis. Neben der Schüssel ein Jagdhorn, das Gelb des Mundstücks von warmloser Fröhlichkeit. Für sich allein, in die rechte untere Ecke komponiert, auf der Maserung des Holzes, eine gelbgrüne Melone. Die Schattenlinien der Längsrillen geben dem Rund seine gesprenkelte Körperlichkeit. Einige Herbstblätter, hingestreut, nicht von einem Wind, sondern von einer Hand, nicht völlig verdorrt, die bröckelnden Ränder angelaufen; das nervige Gerippe gibt dem einzelnen Blatt noch Halt. Zum Arrangement in diesem Bildteil gehören Spargel, von einem rosa Band umschnürt. Der Bund lehnt gegen einen Zinnkrug; die Patina seiner Rundung verliert sich im sfumato des Hintergrundes. Die weißen Stengel gehen über ins Lila der Spitzen. Diese weisen nach oben. Sie verhelfen dem Bild zur Tiefenwirkung wie die aufgeknüpften Hasenläufe und der hochgezogene Hals mit dem fast nackten Gesicht des Fasans. Über den Viktualien und dem Wild ein Falke, die Tragstange wie eine Beute fest in den Klauen des Beizvogels. Vom Rundholz hängt ein Stück Fessel, festgemacht an einem gepolsterten Handschuh, dessen Oberfläche angekratzt ist. Im brüchigen Braun die groben Stiche der Ledernähte. Neben dem Handschuh eine schwarze Stockhaube mit dem Schlitz für den Schnabel, auf der Kappe ein Federbusch, bewegt von einem Luftzug, der nur hier weht. Die Tragstange, an einem Ende abgebrochen und splittrig, bildet die einzige durchgehende Horizontale und wirkt als Trennung im Aufbau des Bildes, die oberen beiden Drittel dem Jagdvogel überlassend. Dieser, im Ansitz, duckt sich, späht, ob sich im unteren Bildteil etwas Lebendiges regt und bewegt, sein kleiner Kopf kommt knapp über die Füße zu liegen. Das tiefe Eigelb der Augenumrandung wird aufgenommen von der wächsernen Haut der Fänge. Der stromlinige Körper des Falken bildet in der Verkürzung eine kompakte Form vor dem Weinrot des Hintergrunds, einem schweren Vorhang, dessen Struktur von der Textur der Leinwand bestimmt wird. Von links oben fällt ein Strahl aufs Bild, nicht auszumachen, ob durch eine versteckte Luke oder durch einen Riß im Vorhang. Im Licht treten drei Stellen hervor: der ausgehauchte Mund des Hasen, der Hals mit dem durchgebissenen Genick des Fasans und über den Fangzehen der Klauen der scharf gekrümmte Schnabel des Falken.

Der Windhund beim Rennen

Die sechs stürzen los, sobald das Gitter der Startbox den Durchschlupf freigibt. Mit Vorsprung hat sich das Locktier in Bewegung gesetzt. Auf dem Rücken der Windhunde eine Decke und weithin sichtbar die Farben der Nummern. Ein Rudel, in hautnaher Konkurrenz, einer noch neben dem andern. Auf einer gemeinsamen Bahn jagen sie einen gemeinsamen Hasen, der keinen Geruch abgibt. Wenn sie ihre Körper strecken, zeichnet sich unter dem Kurzhaarfell die trockene Muskulatur mit den gespannten Sehnen ab. Ein Drahtgestell hindert die Hunde am Beißen und Schnappen, die Schnauze ist mit einem Maulkorb gefesselt. Die Hunde haben nicht nur gelernt zu überholen, sondern auch, sich überholen zu lassen, und haben dies in Testläufen bewiesen, die ihnen die Lizenz einbrachten. Auch dem, der einst nach dem Start für den Bruchteil eines Momentes einen Blick zum Nachbarhund warf und den sie danach auf den Hürdenlauf schickten, wo gleich nach dem Start ihn das Hindernis zwang, auf den Weg zu achten und nicht auf das, was neben ihm geschah, und den sie zu den Rennen zurückbrachten und der nun mit Rivalen auf einer A-Bahn läuft. Sie halten die Nase nicht am Boden, um das Wild aufzuspüren, sie jagen mit den Augen, und ihre dunklen Augen lassen keine Bewegung der Beute aus ihrem Gesichtsfeld. Der Hase läuft auf einer Schiene und schlägt keinen Haken, den es zu parieren gälte. Die Hunde, die auch über Gräben und Böschungen hinwegjagen, gewöhnten sich an die planierte Gleichmäßigkeit einer Bahn. Sie berühren mit ihren Pfoten kaum den Rasen, und doch dröhnt der Boden vom Getrampel, und sie schleudern hinter sich Grasnarben hoch. Unter ihnen läuft auch der, welcher lange Zeit als Reservehund ans Rennen mitgenommen wurde und der bei seinem Trainer auf dem Land wohnt, wo ihn sein Besitzer regelmäßig besucht und auf den zum ersten Mal gesetzt wird. Er hebt ab. In der Luft wird sein schmaler Schädel flacher und sein schlanker Rumpf dünner. Die Verfolger werden von Feldstechern verfolgt. Die Hunde verlegen ihr Bellen ins Mienenspiel, gierig und lechzend, und im tropfenden Mundwinkel die Erinnerung an den Wolf. Über und hinter ihnen, die lautlos jagen, ein Getöse von Schreien, die Anfeuerungsrufe derer, die sich hinter der Abschrankung drängen, in den Händen die Wettscheine und das Programm, in dem eingetragen ist, woher der einzelne Läufer stammt und an welchem Rennen er zuletzt teilnahm, mit allen Fehlern, die er beging, und den Abständen zu den anderen Tieren. Einer der Läufer prescht nach vorn, ist bereits zweieinhalb Hundelängen voraus. Er stemmt sich mit den Hinterläufen ab und setzt zum Sprung im Galopp an. Die Rute bildet mit dem Rücken eine Gerade, federnd fängt das Tier sich mit den Vorderhänden auf, die geknickten Hinterbeine treiben mit einem kurzen Anstoß die vordern an, und hinter dem Tier treiben andere Beine andere Beine an. Die Meute jagt einen Hasen, der, auch wenn er getroffen würde oder gebissen, keine Schweißspur hinterläßt und der nicht verbluten kann, sondern nur rostet. Die Hunde haben, ohne sich zu berühren, einander von der Startbahn verdrängt, und einer zielt auf die Innenkante der Bahn. In der Kurve nehmen sie ihr Tempo leicht zurück; einer rutscht nach hinten, fängt sich auf und holt wiederum für die Gerade weit aus. Sie hetzen hinter etwas her, das sich bewegt. Doch dann, von einer Winde gezogen, verschwindet der Hase, ohne daß ihn ein Hetzhund gerissen hätte. Das flüchtige Objekt ist weg und leer das Gesichtsfeld und die Bahn zu Ende. Und sie, die keinen Fangbiß geben, haben längst die Linie überlaufen, sie hecheln und keuchen, das Laufen noch in den Beinen, zwischen den Gittern eines Maulkorbs wird das weiße Scherengebiß sichtbar, und die Lederriemen am Bauch zittern mit. In der tiefen geräumigen Brust schlägt ein Herz zum Zerspringen, mit einem unregelmäßigen aufgeregten Schlag. Die verrutschten Decken kleben an dem verschwitzten Fell. Es tropft den Tieren von den Lefzen, und einer gibt einen kurzen verlorenen Laut. Sie haben die Ohren nach hinten gelegt, und die Rute hängt ihnen wieder, leicht gebogen, zwischen den Hinterläufen. Aus dem Lautsprecher ertönt ein Name und andere folgen, wie der einen Nummer andere nachkommen. Namen und Nummern erscheinen auf einer Tafel, und vor Freude, Wut und Enttäuschung setzt ein Johlen ein. Auch der Hund, dessen Name zuoberst steht, läßt sich bereitwillig einfangen, und er geht rechts vom Mann an der Leine. Er war der schnellste von denen, die einem Stück Blech nachjagten, an dem ein Hasenfell befestigt ist.

Die kleinen Vögel und der große

Wenn sie in den Himmel steigen, erscheinen sie als Echo auf dem Radarbildschirm. Wenn sie sich zu einem Wanderzug formieren, notiert dies der Mann im Kontrollturm. Der Meteorologe, der jede halbe Stunde ins Freie geht, um die Wetterlage zu beobachten, schaut sich zum Schluß noch um, ob sie da sind. Und sie sind da. Auf dem Hangar und in den Hecken, auf der Piste und in der Luft. Die kleinen Vögel haben wie der große einen Flugplan, auch wenn ihre Abflugzeiten nicht auf einer Tafel aufleuchten. Zu ihrem Flugplan gehört ein morgendlicher Aufstieg, ein Herbst, wenn sich die Möwen einstellen, und ein Frühling, wenn die Stare wiederkommen, der heiterhelle Tag, an dem die einen Zugvögel unterwegs sind, und die Dämmerung, wenn die Singvögel wandern, und all die Abende, an denen die Schlafplätze aufgesucht werden. In der Nacht ruht auch der große Vogel, der mit ausgestreckten Flügeln schläft, bewacht von Scheinwerfern. Neben dem Schlafplatz der kleinen aber wird ein Karbidknaller gezündet; die Vögel werden aufgescheucht und lassen sich woanders nieder und kehren wieder zurück – die sich im Feldgehölz verstecken, und die, welche sich im geschnittenen Gras niederlassen, weil sie sich dort vor Überraschungen sicher wähnen. Der große Vogel, obwohl er rollen kann, kommt nicht auf dem Boden daher. Es gehen nicht nur Knaller los, es explodieren auch Rauchpetarden, und es werden Leuchtraketen abgefeuert. Plötzlich ertönt der Warnschrei eines Artverwandten, in bestimmten Intervallen und ab Band; die Vögel verfolgen aus der Luft ein Auto, das langsam das Gelände abfährt, auf dem Dach einen Lautsprecher, der scheppernde Klagerufe ausstößt, nicht vor einer momentanen Gefahr warnend, sondern davor, daß es den großen Vogel gibt. Doch die Rückkehr zu den Schlafstellen wird immer aussichtsloser und auch das Aufsuchen der Freßplätze, nachdem die Teiche und der Sumpf trockengelegt und die Gräben zugeschüttet worden sind, die sich nach Regen mit Wasser füllten; selbst die Pfützen wurden egalisiert. Geblieben ist ein Fluß, sein Lauf korrigiert und seine Ufer verbaut, und mit ihm einige Wassertiere und Insekten. Die kleinen Vögel legen Distanzen zurück für die Nahrungssuche, ihnen wird das Fressen nicht wie dem großen im Tankwagen gebracht, so daß er sich nur an die Schläuche zu hängen braucht. Indessen suchen die kleinen Vögel vergeblich nach den Büschen, die Beeren trugen. Auf den Wiesen, die an das Flughafenareal grenzen, weiden keine Schafe mehr, und in der Umgebung wird auch kein Getreide angesät. Für die kleinen Vögel sind die Fallen mit den Wasserbecken gedacht, wo sich eine Schlinge um die Füße zusammenzieht, sobald sich ein Vogel hinsetzt und zu nippen beginnt. Und für die kleinen Vögel sind ebenso die toten Vögel bestimmt, die ausgelegt werden, und die Vogelleichen, die nur Attrappen sind und im Wind klappern. Der große Vogel, der für die letzte Etappe beim Landen einen Gleitwegsender benötigt, beansprucht die Piste für sich allein. Aber auch die kleinen Vögel, die auf keine Landezeichen angewiesen sind, drängt es nach der Piste. Ihr Beton kann in kalten Tagen erwärmt sein, und auf ihm liegen dicke Würmer, gut auszumachen und leicht aufzupicken. Den Seglern unter den Vögeln ist es gleichgültig, ob sich unter ihnen ein Flughafen befindet; sie nutzen den

Aufwind und orientieren sich nicht nach Windsack und Windmesser. So wenig wie die, die über dem Areal spielen, die über den Parabolspiegel hinwegtauchen und größere Kreise ziehen als der Drehturm. Eine Taube läßt sich auf der Besucherterrasse nieder, und kein Abschiedswinken vertreibt sie. Und eine Lerche folgt dem Gepäckwagen zum Frachtgebäude. Und andere wiederum verirren sich in die Werfthallen. Dort wird der große Vogel überprüft und überholt; dort wird er repariert, und dort werden auch die Schäden behoben, die die kleinen Vögel dem großen zugefügt haben. Doch für die kleinen Vögel, die mit dem großen in der Luft zusammenstoßen, gibt es keine Reparaturwerkstätten. Der große Vogel will nicht nur das ganze Areal für sich, die Pisten, die Notlandebahn und die Rollwege, er will auch im Himmel Bahnen. Er, der bis dort hinaufsteigt, wo die kleinen Vögel erfrieren würden, ist immer größer geworden und seine Brust breiter, und er fliegt immer schneller, so daß die kleinen allein oder im Schwarm nicht mehr ausweichen können, obwohl sie über bewegliche Flügel und einen Steuerschwanz verfügen. Für den Zusammenstoß besitzt der Pilot das »Vogelschlag-Formular«. Auf ihm wird eingetragen, in welcher Höhe, bei welcher Witterung und bei welcher Geschwindigkeit es zum Vorfall kam, ob nichts weiter zu vermelden sei, als daß die Windschutzscheibe blutverschmiert ist. Auf dem Formular ist die Adresse der nationalen Vogelwarte angegeben, wohin die Reste geschickt werden sollen, wobei schon gut ausgefärbte Federn oder einzelne Krallen genügen. Es ist oft nichts mehr für die Identifizierung übrig, nachdem die kleinen Vögel vom Sog der Düsenaggregate des großen Vogels verschluckt worden sind. Zerrissenen Leibes behaupten sie sich, wenn sie in sein Triebwerk eindringen, mit Fleischfetzen, Federn und Knochen die Luftzufuhr verstopfen, die Ölleitung blockieren oder die sensiblen Kompressorenschaufeln verletzen. Die Geschwindigkeit des Großen bewirkt, daß der Kleine im Moment der Kollision eine Energie entwickelt, wie er sie lebend nie kannte. Ein weicher Körper prallt als Schwergewicht gegen Kunststoff und Metall. So stirbt am Himmel mitten im Flug ein befiedertes Nichts eine Wucht von Tod.

Der Affe in der Rakete

Er hatte am schnellsten begriffen, wann und warum man einen Hebel drückt. Damit hatte er die acht Konkurrenten ausgeschaltet. Auch den Makak aus Java, der einen viel längeren Schwanz hatte, der sich aber nicht für Hebel interessierte, sondern vor lauter Betrachten des eigenen Schwanzes vor dem Schaltbrett verhungert wäre. Ebenso schied gleich anfangs der Makak aus Ceylon aus. Der besaß zwar auch einen Schwanz, den er über den Boden schleifte, doch kümmerte er sich nicht um diesen, sondern um die Frisur, die er wie einen Hut über der gerunzelten Stirn trug. So fand das Stechen unter Seinesgleichen statt, unter lauter stämmig gebauten Typen von Schmalnasen, geschlechtsreifen Kerlen, die nebeneinander in ihrem gelb-oliv-braunen Fell uniformiert wirkten und die unter ihren Augenwülsten finster dreinschauten. Die meisten Rhesusaffen waren in Zoologischen Gärten der verschiedensten Regionen rekrutiert worden. Auch er, der den Sieg davontrug, hatte einen Sommer damit verbracht, Zoobesuchern zuzuschauen, wie sie hinter Gittern standen und ihn nachäfften, doch hatte er aus dem Blutspendedienst für Kinderspitäler ins Trainingslager gewechselt. Seine Familie turnte nach wie vor in Indien, an einem Tempel, kletterte über Brüste und Schenkel von Figuren, die sich umarmten, bewarf Pilger mit den Schalen der Nüßchen, die man ihnen schenkte, naschte an den Kiosken, stahl im Wallfahrtsbüro Akten und Bleistifte und lauste sich auf den Stufen zum Heiligtum. Doch solche Turn- und Kletterkünste, vom

Giebel auf eine Palme zu hüpfen und von dieser auf die nächste und von dort auf ein Wagendach, einen Sonnenschirm oder einen Turban, nutzten ihm nichts in der ›Biologischen Abteilung für kosmische Fernerkundung‹. Er hatte zunächst einen schweren Stand gegen den Favoriten mit Laborerfahrungen an der Universität. Dieser hatte schon im ersten Semester realisiert, daß man für einen Geldschein zwei Bananen kriegt statt bloß eine wie für eine Münze, deswegen entschied er sich für den Geldschein, wenn man ihm beides zur Wahl hinhielt, und daher war ihm Nähe zur menschlichen Intelligenz attestiert worden. Doch der Favorit schien sich ein für allemal mit seinem Geldschein-Bananentest zufrieden zu geben. Er war für sein Geschäft auf Akademiker und Wärter angewiesen und nicht willens, sich in Selbstversorgung zu üben und dafür einen Schalthebel zu bedienen. Zwar hatte auch der Favorit beim Herumpröbeln den Hebel richtig betätigt, doch als es aus der Saftleitung spritzte, sprang er beiseite und schüttelte den genäßten Kopf. Und als er dem Schaltbrett den Rücken zukehrte und den Hebeln seine geröteten Gesäßschwielen zeigte, wurde er disqualifiziert und an die Hochschule zurückgeschickt. Der, welcher den Sieg davontrug, mußte nur noch gegen einen Finalisten antreten, der, ebenso gelehrig und angriffig, sich darauf eingestellt hatte, daß Nahrungssuche eine Operatoren-Tätigkeit war, daß es zwischen Hebel und Mundstück einen Zusammenhang gab, daß man den Hagebuttensaft, der aus dem Mundstück kam, gleich auffangen mußte, weil dieser nur fünfzig Sekunden floß, daß es aber nur sinnvoll war, den Hebel zu betätigen, wenn gleichzeitig ein Lämpchen aufleuchtete, daß es zudem zwei Lämpchen gab, eines für den Fußhebel und eines für den Handhebel. Soweit waren sich die beiden in ihrer

Fingerfertigkeit und Auffassungsgabe ebenbürtig. Doch der, welcher am Ende für die Mission ausersehen wurde, hatte darüber hinaus im Differentialtest begriffen, daß auch ein Lämpchen aufleuchten konnte, auf das es nicht zu reagieren galt. Damit bewies er einen hohen Intelligenzquotienten, da ihm einleuchtete, daß man hochkomplizierte Vorgänge auslösen kann, die keinerlei Bedeutung haben. Also erfüllte er alle Voraussetzungen für eine Reise ins Weltall, auch wenn sein erster Flug am Boden in einem Simulator stattfand. Bevor er die richtige Rakete bestieg, posierte er auf dem Starttisch mit dem Wärter an der Hand für die Photoreporter und ein Fernsehteam. Er ging nicht allein an Bord. In einem hermetisch verschlossenen Aquarium wurden Guppies mitgeschickt, nicht Ziermännchen, sondern schlichte Weibchen, die hatten kein Training hinter sich, sondern waren lediglich befruchtet worden, da sie während der Erdumkreisung Junge zur Welt bringen sollten. Auch die Rattenweibchen, die mitfuhren, waren trächtig. Sie alle wurden im hinteren Teil der Rakete untergebracht. Er aber, der Primat, saß vorn in der Kapsel auf dem Kommandoposten, auch wenn alle Befehle von der Bodenstation aus erfolgten. Bevor sie ihn auf dem Kommandosessel installierten, hatte er in einem unbewachten Moment an einem Schaltbrett herumgefingert, das nicht das seine war, und er hatte die Knöpfe für ›Stop‹ und ›Alarmstufe Zwei‹ ausprobiert. Als sie ihn festschnallten, meinten sie, der Affe wehre sich, doch er wollte sich vorher lediglich noch einmal ausführlich und überall kratzen. Dann zogen sie die Riemen fest und fixierten für die verschiedenen Elektrogramme Elektroden. Sie implantierten eine in die Halsschlagader wegen des Blutdrucks und des Blutflusses, eine setzten sie auf die Brust und eine auf den Kopf für die Messung der

Hirnströme. Arme und Beine ließen sie soweit frei, daß er die Hebel betätigen konnte. Zuletzt richteten sie den Kopfhalter und kontrollierten noch einmal die Kamera über ihm, die filmte, ab wann und wie intensiv und wie lange er sein Programm absolvierte. So ausgerüstet wartete er, bis sie rückwärts zählten und die Rakete zündeten. Er stieg auf seinem Kommandositz senkrecht hoch, weg aus einer Luft, auf die Hoheitsansprüche geltend gemacht werden, hinein in einen noch freien Weltraum, auf eine Flugbahn, die korrigiert werden mußte. Die Gesichtspartie leicht angeschwollen, war er unterwegs in einem Himmel, in dem einst Gott und Götter gewohnt hatten, die Erde mit all ihrer Schwere hinter sich und vor sich ein Schaltbrett mit Hebeln, Lämpchen und Mundstück.

Das Zauberkaninchen

Ein weiches Bündel über dem Abgrund eines Zylinders. Der Körper fällt nach unten in seine Glieder auseinander, aufgehängt an einer Menschenhand, die im Nacken zupackt. Das Fell spannt sich um die Gurgel, die schluckt, und bildet hinten einen griffigen Wulst. Die beiden Löffel sind steil aufgerichtet. Über ihnen, auf einem Stängelchen, drei Turteltauben, gurrend und am Ort tretend, sie sind aus einer gefalteten Zeitung hervorgeflattert, nachdem diese in Brand gesteckt wurde, und die Tauben haben mit ihren Flügeln Asche verstreut, die lange im Raum hing. Unter den Tauben das baumelnde Kaninchen. Es möchte seine Hinterläufe hochheben und drückt die Vorderpfoten gegen eine Brust, in der ein Hasenherz schlägt. Nervös zieht es seine Falten an der Schnauze hoch und blinzelt mit der Nase. Seine Kiefer bewegen sich seitlich hin und her. Es führt unter seiner Scharte die beiden Schneidezähne vor, beginnt zu kauen und nagt an der Luft. Es richtet den Kopf gegen den Vorhang, seine Beine spannen sich, als wolle es zum Feuerlöscher laufen. Es humpelt im Leeren. Es versucht zu betteln, worauf aus einer Loge ein Zuruf kommt, dem von gegenüber ein einzelner Lacher folgt und ein Kichern, das in einem Taschentuch erstickt. Das Spotlicht rötet die roten Augen des Kaninchens. Seine Pupillen, kaum gewohnt, sich zusammenzuziehen, starren in einen Saal, wo Reihe hinter Reihe Köpfe auszumachen sind, die sich in einem Dunkel verlieren, das nicht so dunkel ist wie der Ort, aus dem das Kaninchen aufgestiegen ist. Es dreht seine Augen seitwärts und ein Stück nach hinten, doch dann erschrecken sie, richten sich nach oben, ohne etwas zu fixieren. Hoch über dem Kaninchen und den Turteltauben dreht sich eine Kristallkugel, die in ihren Umkreis splittriges Licht wirft. Die Sterne, die auf den Vorhang genäht sind, glitzern, und der Mond hängt an einem Faden. Unter dem Mond ein Berg von Blumen, sie wurden aus einer einzigen Schuhschachtel geholt, Strauß um Strauß, aus farbigem Stoff verfertigt, der nicht verwelkt, doch fleckig wird, und einige Blüten sind eingerissen. Plötzlich packt die Hand fester zu, der Arm streckt sich aufrecht und reißt das Kaninchen mit in die Höhe. Das Kaninchen spürt den geschliffenen Stein vom Ring, der sich in seinen Hals drückt und gegen eine Blutbahn preßt. Und wie der Arm des Zauberers sich emporreckt, wirft der Magier den Radmantel zurück, und von der Schulter abwärts wird das gesteppte Rot des Seidenfutters sichtbar. Das Kaninchen baumelt in schwindelerregender Höhe. Der Ruck nach oben bewirkt, daß es zu schwingen beginnt, es pendelt und dreht sich, und indem es sich dreht, zeigt es einen Moment Rücken und Stummelschwanz. Wiederum versucht das Kaninchen seine Hinterläufe hochzuziehen, es drückt seine Vorderpfoten an die Brust, gegen die ein nervöses Herz pocht. Es strampelt, als könnte es in der Luft einen Haken schlagen, aber dann fallen seine Glieder, vom Eigengewicht gezogen, nach unten, und es hängt langgestreckt da. Das Weiß seines Fells und das Weiß des Handschuhs kontrastieren nicht nur mit dem Schwarz des Radmantels und mit dem Schwarz des Fracks, sondern auch mit dem Schwarz des Zylinders, der auf dem Tisch steht. Ein Chapeau Claque, den der Zauberer dem Publikum als Scheibe vorgeführt und mit einem Klaps geöffnet hatte. Er hatte den aufgeklappten Hut mit der

Öffnung nach unten gehalten, um zu demonstrieren, daß nichts drin sei, das herausfallen könnte. Er hatte den Zylinder nochmals von innen und außen abgeklopft, bevor er ihn auf den Tisch stellte, die Öffnung nach oben. Neben dem Zylinder das Tuch mit dem silbernen Flammenmuster. Mit ihm hatte er den Zylinder zugedeckt; darüber hatte er sein Abrakadabra gesprochen und mit dem polierten Knauf des Stocks drei Kreuze geschlagen. Als er das Tuch mit einem Ruck hochzog, hatte er das Kaninchen aus dem Zylinder geholt, das nun an seiner Hand baumelt. Während er noch das Kaninchen in der Höhe hin und her zeigt, wird ein Stahlgestell hereingerollt mit einem Sarg darauf. Eine Frau, bleich gepudert, in einem engen Paillettenkleid, streicht über die Handgriffe der Säge, mit der sie entzweigeteilt werden soll. Sie schiebt mit dem Fuß ein paar Spielkarten beiseite, die zu Boden gefallen sind. Noch steht der Zauberer da mit hochgerecktem Arm, völlig erstarrt, das Kaninchen leblos wie das Gesicht des Magiers, durch das plötzlich ein finsteres Lächeln geht. Da tut das Kaninchen einen Sturz. Der Zauberer verbeugt sich und streckt den Arm, den er heruntergenommen hat, waagrecht von sich, so daß das Kaninchen knapp über die Rampe zu hängen kommt und diese mit seinen Hinterläufen zu erreichen sucht. Aus dem Saal ertönt Applaus, ein dröhnendes Trampeln und ein einzelner Pfiff. Beim Tusch zuckt das Kaninchen zusammen, angestrahlt vom Scheinwerfer. In der Innentasche eines Fracks versteckt, stieg es aus dem Nichts eines Zylinders ans Rampenlicht und sucht für die strampelnden Beine auf dem Boden einer Bühne nach festem Grund.

Der Hamster in der Kinderstunde

Der Hamster tritt auf, wenn man nicht mehr weiß, wie es weitergehen soll, wenn alle Beteiligten warten, wie es weitergehen wird, taucht er auf, tröstet das Schweinchen, das am Allerseelentag vor einer Fleischerei weinte, wo es seine Verwandten suchte, die in der Auslage hingen. Und der Tausendfüßler ist nicht mehr länger übelgelaunt, weil er beim Zählen seiner Füße in der Schule eine schlechte Note kriegte und nachsitzen mußte. Wenn der Bär sich an den Ohren kratzt, da seltsame Spuren durch sein Revier führen, er die Flinte holt und diese von allein losgeht, worauf er vor dem Selbstschuß davonläuft, dann ist der Hamster zur Stelle und hängt an einen Baum einen Bienenstock, so daß der Forstwart am Honig leckt. Und wenn die Ameisen, die im Unterholz den Polizeidienst versehen, einen Pilz aufschreiben, weil dieser mitten im Weg geparkt hat, und wenn dieser nicht genug Sporen hat, um die Buße zu zahlen, hilft der Hamster mit den Pufferbohnen aus, die er gehortet hat. Ist es wieder einmal soweit, reckt er den kurzen dicken Hals und zeigt seine Backen, und alle wissen, daß er darin nicht nur Körner, Erbsen oder sonstwas nach Hause trägt, und alle warten, was er aus seinen Hamsterbacken herausholt. Und daß was drin ist, erfuhr der Marienkäfer, der sich für den Frühling die Tupfen neu malen ließ; denn der Marienkäfer hielt nicht still, so daß der Maler statt eines Tupfens einen Strich machte, worauf der Hamster dem Marienkäfer zu einer Beschäftigung als Verkehrsschild verhalf, da ein Tupf und ein Strich zusammen ein Ausrufungszeichen ergeben, so daß der Käfer als Warnschild vor einem Abgrund zu einem zusätzlichen Einkommen kam. Und als dem Pinguin-Ausstatter, der die Fräcke schneidert, der schwarze Stoff ausging, so daß unzählige kleine Pinguine in den weißen Unterkleidern herumstanden und schimpften, weil sie beim Watscheln ausgelacht wurden, schickte der Hamster Tintenfische hin, um schwarzes Blut zu spenden. Weil der Hamster immer dafür sorgt, daß es irgendwie weitergeht, hält sich auch das Wiesel zurück; es folgt zwar dem Hamster bis zum Bau, aber es fällt ihn nicht an. Und ein anderer Feind, der Iltis, ist dem Hamster sogar zu Dank verpflichtet. Denn der Iltis schlüpfte immer unter Autos, kroch in den Motor und durchbiß die Schläuche, aber er schnüffelte auch am Auspuff. Es war der Hamster, der den Iltis für eine Entziehungskur zu den Gänseblümchen brachte. Und wie der Hamster im letzten Moment noch eingreift, erlebte das Reh, das von einem Wolf gejagt wurde. Der Hamster ging zu den Bibern, die rasch an Baumstämmen sägten, so daß diese über einen Fluß fielen und eine Brücke bildeten, über die sich das Kitzlein rettete; doch als der Wolf darauf war, stürzte die Brücke ein, und der Bösewicht trieb davon. Doch da heulten die jungen Wölfe gottsjämmerlich und gottslästerlich, so daß die Maulwürfe ans Tageslicht krochen und zu einer Demonstration aufriefen, die ein Blindenhund anführte. Wie der Hamster die jungen Wölfe befriedigte, diese Szene wurde allerdings herausgeschnitten, und auch die, wie die Hasen hinter vorgehaltenen Löffeln herumschwatzten, daß der Hamster zwischendurch Würmer und Schnecken fresse. Denn wenn der Hamster sich am Bildschirm verpflegt, steckt er sich immer Körner in den Mund und streut die Hülsen und die Spreu um den Erdhügel neben der Schlupfröhre, die zum Bau führt. Und wenn

Würmer zu sehen sind, führen sie einen Ringeltanz auf, und die Schnecken haben ihre Szene, weil sie ihre Fühler zu Ballonen aufbliesen und nicht mehr wußten, wie sie auf die Erde zurückfinden konnten. Das ist einer der Momente, da der Hamster sich einstellt, seine Nagezähne zeigt und allen klar macht, daß er an einem Ausweg nagt. So nimmt er sich des alten Leuchtkäfers an, dem die Birnen durchgebrannt sind und dessen Rente nicht ausreicht, um neue zu kaufen. Und der Hamster kümmert sich auch um die Heuschrecke, die sich beim Hüpfen ein Bein gebrochen hat, auch wenn sie danach wegen der Krücke nicht mehr so hell zirpt. Als es beim Fünfmeterlauf der Schildkröten zum Streit kam, ob die Siegerin mit einer ganzen Kopflänge gewonnen hatte oder nicht, ließ der Hamster den Marathon wiederholen und setzte an der Zielgeraden den Sperber mit dem Sperberblick als Kampfrichter beim Wetttrippeln ein. Als bei den Ausscheidungsspielen ein junger Elefant so fest auf den Ball trat, daß die Milch dem Schiedsrichter ins Gesicht spritzte und dieser die gelbe Karte zeigte, genügte es, daß der Hamster eine neue Kokosnuß einwarf, die der Torhüter prompt mit dem Rüssel auffing. Natürlich kann der Hamster auch mit den Zähnen knirschen und sie heftig aneinanderschlagen, und in seinem Innern knurrt es hohl, wenn die Affen wieder einmal dem Känguruh aus dem Beutel den Postsack stehlen und diesen an eine Palmkrone hängen, so daß das Zebra nicht weiß, wann seine Schwester heiratet, und die Grillen-Bande nicht erfährt, ob sie bei der Hochzeit aufspielen soll, und die Spinnen umsonst auf ihre dringende Sendung Garn warten. Aber auch in dem Fall sorgt der Hamster dafür, daß es weitergeht. Deswegen folgten auch alle Tiere dem Aufruf, den die Spechte mit ihren Morseschnäbeln durchgaben, als die Bewohner des nahen Dorfes mit Schaufel und Spaten anrückten, um den Bau des Hamsters auszuheben, ihm die Körner zu stehlen und damit ihre Hühner zu füttern. Aber es genügte, daß die Bienen auf die Dörfler losgingen. Und den Hühnern, die schon ungeduldig scharrten, redeten die Rallen und Wildgänse ins Gewissen. Doch als die Hennen wegen dieses Schocks keine Eier mehr legten, war es der Hamster, der sie davor warnte, bei Doktor Fuchs in die Therapie zu gehen, der in Aussicht gestellt hatte, ihnen die Angst vor dem Gefressenwerden zu nehmen. Die Serie mit dem Hamster fand ein solches Echo, daß immer mehr Folgen gedreht wurden; je mehr Fortsetzungen es gab, um so mehr Szenen kamen vor, in denen man nicht mehr wußte, wie es weitergehen sollte. Der Hamster wurde mitten im Hamstern aufgeboten, so daß er die Ähren liegen ließ, und es wurde ihm auch keine Drehpause für den Winter zugestanden. Natürlich trat er auf, als die Papageien, neureiche Alphabeten, den Fischen die Wörter beibringen wollten, die sie eben nachplappern gelernt hatten. Es wäre dem Hamster beinahe gelungen, die Delphine als Übersetzer zu gewinnen. Noch während verhandelt wurde, traf die Nachricht ein, daß die Fledermäuse an den Radarschirmen nur noch Dienst nach Vorschrift verrichteten. Als der Hamster seine Nagezähne zeigte, um an einem Ausweg zu nagen, war es bereits zum großen Vogel-Crash gekommen. Somit stand er da, nagte weiter, und alle fragten sich, wie es weitergehen solle, ob er in den Bau kriechen oder etwas aus den Backen holen wird. Die Störche weigerten sich, so zu tun, als würden sie in den Windelpaketen an ihren Schnäbeln den Eltern die Kinder bringen, so daß man den Störchen die Schuld zuschob für alles, was die Menschen taten, wenn sie einmal erwachsen waren. Die Störche drängten darauf, vorführen zu dürfen, wie die Störche selber kleine Störche machen, und dies im Vorabendprogramm. Dem Hamster fiel nur ein, die Entscheidung auf die nächste Folge zu verschieben. Er verkroch sich in seinen Bau, kam aber doch hervor, als er gerufen wurde. Das Pferd war in Gewieher ausgebrochen, hatte sich auf die Hinterbeine gestellt und klatschte mit den Vorderhufen zu seinem Gelächter, aber dann hielt es plötzlich inne und wollte vom Hamster wissen, worüber es lache. Die gelben Fackeln auf den Backen des Hamsters wurden bleich. Da hatte das Pferd einen Grund zum Lachen, zeigte sein Roßgebiß und brach erneut in Gewieher aus. Der Hamster war so baff, daß er nicht merkte, wie er eingefangen wurde. Er kam zu Kindern, die ihn vom Bildschirm her kannten. Sie schenkten ihm ein Tretrad. Solange er in ihm an Ort und Stelle läuft, geht es unentwegt weiter.

Das Rotkehlchen beim Vogelmaler

Das Rotkehlchen liegt in der Hand des Meisters. Schon der Käfig war eng gewesen, längst war nichts mehr offen wie die Böschung, wo das Rotkehlchen in einer Mulde genistet hatte, und nichts mehr weit wie der Wald und das Feld. Alles war eng geworden, mitten in der Luft, wo der Vogel eines Morgens gegen ein Netz flog und wo hinter ihm ein anderes niederging, ehe er sich aus Maschen befreite, die fein geknüpft waren. Und eng war das Holzkistchen, in das er gesperrt und in dem er transportiert worden war, und in das durch ein ausgesägtes Herz Licht fiel. Bis der Riegel beiseite geschoben wurde und ein Türchen den Weg freigab in einen größeren Käfig. Mitten in der Volière stand ein Baum, dessen Krone gekappt worden war und dessen Äste auf die Seiten hinaus wuchsen. Gedrängt auf dem Baum Vögel, die sonst nicht, und schon gar nicht eng, beieinander saßen, ein einziges Zwitschern und Trillern. Knicksend hüpfte das Rotkehlchen auf seinen hohen dünnen Beinen über Erdschollen zum Wasserbecken, verscheuchte eine Lerche, versteckte sich unter einem Weidenbusch, flog auf einen Zweig, der unter seiner Last schaukelte; dann stieg das Rotkehlchen empor, bis ein Gitter den Aufflug stoppte. Es krallte sich ans Drahtgeflecht, die Maschen waren größer als alle, die es bis anhin gekannt hatte, aber nicht groß genug, um durchschlüpfen zu können. Draußen ein Park mit Rabatten, einem Teich und einer Steinbank und Bäumen, die höher wuchsen als die Eisenstangen der Volière. Unten am Gitter eine Katze, die am

Geflecht rüttelte, und das Rotkehlchen pickte gegen einen Draht. Dann flog es auf den geköpften Stamm. Es stieß seinen Gesang aus und wechselte von Strophe zu Strophe seine Melodie. Es reckte gleich nochmals die rote Brust und wiederholte sein Lied und seine Triller. Doch mit dem Einbruch der Nacht verstummten auch die andern Vögel, und es war nur einmal kurz das Heulen des Hundes zu hören, der Park und Volière bewachte, und einen Mond anbellte, der Schatten warf. Als der Morgen kam, stimmte das Rotkehlchen seine Melodie an, deren Töne wie immer ausperlten. Doch dann kam ein Mann mit einem Handnetz. Diesmal wurde es sehr eng im geflochtenen Käfig, in dem es durch den Park am Teich und an der Steinbank vorbei in ein Haus getragen wurde und dort in ein Atelier kam, wo das Nordlicht durch Fenster drang, die vom Boden bis zur Decke reichten. Der Käfig wurde an eine Wand neben andere gehängt, die meisten leer, über einigen ein Tuch wie das, das über den Käfig des Rotkehlchens geworfen wurde. Noch nie war es so plötzlich Nacht geworden. Der Vogel ließ seine Flügel nicht mehr hängen, sondern wollte zu einem Flug aufbrechen in die Regionen, wohin er sonst im Winter zog, zu anderen Kerbtieren und zu anderen Beeren. Das Rotkehlchen stieß mit seinen Flügeln gegen den Molton, mit dem der Käfig ausgepolstert war. Dann wurde es unvermittelt Tag, wie es noch nie so plötzlich hell geworden war und ohne daß eine Sonne aufgegangen wäre. Es hob zu einer verstörten Melodie an, als gälte es, das Revier seines Käfigs zu verteidigen. Eine Hand glitt durch das Türchen und langte nach dem Vogel, der sich gegen den Molton drückte, sie fuhr dem Tier bedächtig vom Kopf zum Rükken, umklammerte es von hinten und zog es heraus. Nun liegt das Rotkehlchen in der Hand des Meisters. Die Hand ist weich wie das Polster im Käfig und das Handinnere rundlich wie die Mulde, in die es einst seine gesprenkelten Eier legte. Doch es ist eng wie noch nie in dieser Hand. Sie drückt die Federn, die sich sträuben, gegen den zitternden Körper; wie sehr sich das Rotkehlchen gegen die Handballen preßt, die Flügel rühren sich nicht. Der Kopf beugt sich über den Zeigefinger nach hinten, und unten ragt der lange braune Schwanz in eine Luft, in der er nicht zu steuern vermag. Während der Daumen immer enger über Kehle und Brust streichelt, schaut der Meister zur Wand, wo Bilder trocknen, und unter ihnen die mit den Blaukehlchen und Nachtigallen. Seine Augen schweifen über das Pult: neben den aufgeschlagenen Büchern die Liste mit den Drosseln, unter den noch nicht durchgestrichenen das Rotkehlchen. Die Leinwand auf der Staffelei, von der Grundierung am Rand noch feucht, und vor dem Meister auf dem Tisch eine weiße Unterlage, auf die er seinen Handrücken stützt, einen Widerstand suchend. Sein Blick ruht auf Brust und Kehle des Vogels, und er vergleicht das zitternde Rot der Federn und des Flaums mit dem, was ihm auf dem Tisch an Pigmenten zur Verfügung steht, in Töpfen, Tiegeln und Schälchen, angerührt und als Pulver, pur und gemischt, venezianisches Rot und Zinnober, Siena auch und gebrannter Ocker. Wie der Daumen fester gegen die Kehle drückt, öffnet der Vogel den Schnabel, tonlos vibriert die Zunge, die Luft bleibt im Hals stecken und findet keinen Weg mehr in die Brust, welcher der Meister mit sanfter Bestimmtheit den Atem abwürgt, so daß er zu einer Vorlage kommt, die still hält und die ihm erlaubt, die Feinheit jedes Details farblich wiederzugeben. Doch bevor der Vogel sein Leben aushauchte, hatte er in stummer Abwehr und zur letzten Abschreckung drohend sein Rot intensiviert. So ist das Rot des naturgetreu dargestellten Rotkehlchens um eine Nuance anders rot als das Rot des Rotkehlchens, das auf einem Baum beim Melodieren seine Strophen wechselt.

Das Mammut auf dem Stoßzahn

Ein Stoßzahn, nicht vollständig, abgebrochen dort, wo er zur Krümmung ansetzt, und bröckelnd, wo er einst aus dem Backenknochen wuchs. Das Fossil von einem Tier, von dem sonst nichts geblieben ist. Oder sollte von ihm einer der Knochen stammen, die in einer Höhle gefunden worden sind, einen Flußlauf entfernt, oder in einer jenseits des Gebirges, die Kinder beim Spiel entdeckten, oder sonstwo in einem Kies? Nicht auszumachen, ob die Knochen, aus denen mit Draht und Eisenstangen im Naturalienkabinett ein Skelett aufgestellt wurde, von ein und demselben Tier sind. Vielleicht, daß eines das Schulterblatt beitrug, ein anderes den Schwanzansatz und ein drittes das Schlüsselbein und auf den Zehen ein viertes ging. Derart, daß das Skelett, das das Tier repräsentiert, ein kleines Rudel vereint, noch einmal jene zusammenbringt, die gemeinsam verendeten, von einer Katastrophe überrascht oder freiwillig einen Sterbeplatz aufsuchend, solche, die bereit waren, sich der Wärme zu entwöhnen, und begonnen hatten, die Kälte zu lieben, und die, als es wieder wärmer wurde, den Gletschern nachzogen. Sie hinterließen mehr, als für das Ganze eines einzelnen Tiers unerläßlich ist, und auch wiederum nicht genug, so daß ein Rückenwirbel durch eine Attrappe ersetzt werden mußte, und anderseits mehr als nur einen Schädel, doch einen, für den sich keine Halswirbel fanden, dafür mehr als vier Füße. Knochen, aus denen sich kein zweites Tier aufbauen ließe, Fossilien, die jedes für sich in einem der Schaukästen liegen, die um das Mammutskelett angeordnet sind, auch sie einer Erinnerung dienend, an der denen nichts liegt, derer gedacht wird. Und unter den Fossilien unter Glas der abgebrochene Stoßzahn, eine nicht mürbe gewordene Erinnerung, die nach dem Gefundenwerden nicht zerschlagen und nicht in einem Tiegel zerstoßen wurde und nicht von einem Apotheker als Pulver verkauft, das bei Impotenz und Unfruchtbarkeit wirkt. Nicht nur Erinnerung, weil der Stoßzahn überdauerte, sondern weil er offen ein Gedächtnis zur Schau stellt. Auf ihm ist ein Mammut gezeichnet, eingeritzt mit einem zum Messer geschliffenen Stein von einer Schärfe, die nicht nur Haut durchdringt. Die Umrisse sind anders als das Skelett vermuten ließe. Zwar besitzt auch das Mammut auf dem Stoßzahn kein Fleisch, aber es zeigt die Formen auf, die dieses bildete, den hohen Dom des Schädels und den abrupten Einsturz am Nacken. Der Schwanz auf der Zeichnung ist länger, und die Ohren haben kleine Lappen. Über der Massigkeit des Körpers liegt ein Fell, das unten ausfranst, so daß wohl das ganze zottig gewesen sein muß. Anders als beim Skelett deckt dieses Fell das Gerippe, das der Tod ohne Scham in seiner Nacktheit bloßstellte. Zwar besitzt das Skelett zwei vollständige Stoßzähne, doch zwischen ihnen baumelt kein Rüssel wie beim Mammut auf dem Zahn, der Bruchstück ist. Doch dieses Überbleibsel ist groß genug, daß das Mammut mit seiner ganzen Wucht darauf Platz fand. Auf dem gekrümmten Elfenbein, das den Farbton einer verschmutzten Vereisung aufweist und deren glazialen Glanz, steht das Tier allein im Raum, nicht mehr in einer Grassteppe oder in einer Tundra und in keinem Lößfeld, und da es keine Nahrung mehr benötigt, wachsen kein Moos und keine Triebe an den Nadelhölzern. Es ist bloß da und vorhanden ohne die Umwelt, deren es und seine Art ein für allemal verlustig gingen. Das Tier schaut nach rechts, in die Richtung, wo sich der Stoßzahn zu krümmen beginnt und wo er einst in eine Spitze auslief. Vielleicht, daß sich auf dem Stück, das fehlt, ein Gegenüber befand, das das Mammut im Auge hatte, ein Weibchen vielleicht, denn obwohl das Fell sein Geschlecht abdecken müßte, weist ein Strich unten am Bauch, stößig und gerade, nach vorwärts. Oder vielleicht kein Weibchen, sondern ein Jäger, gegen den das Mammut seine Kraft im Angriff sammelt. Dort, wo nichts als Luft sein kann, fliegt ein einzelner Strich, nicht eingeschwärzt wie die andern Ritze, vielleicht ein Kratzer, der später entstand, der ein Pfeil sein könnte, festgehalten im Moment, bevor er das Fell durchschießt. Aber vielleicht hat das Mammut nichts Besonderes im Blick, sondern es schaut mit kleinen Augen in die Leere von Erdzeitaltern. Mit geballtem Körper steht es da, der Zeit mehr trotzend, als dies dem Stoßzahn selber gelang. Das Mammut ist so groß gezeichnet, daß in einem seiner Stoßzähne Platz ist für ein zweites Mammut, ein kleineres mit weniger klaren Umrissen. Es ist, als hätte die Hand, die das Mammut zeichnete, damit gerechnet, daß das Knochenmaterial zerbrechen und zerbröseln und daß nicht das Mammut als Ganzes überstehen könnte, als hätte die gleiche Hand zugleich gehofft, daß vom gezeichneten Mammut wenigstens ein gezeichneter Stoßzahn übrig bleiben werde, auf dem, wenn auch nur andeutungsweise, ein anderes Mammut Unterschlupf fände. Doch das gezeichnete Mammut hielt als Ganzes stand, und es lohnte die Sorge der Hand, die ihm nicht das Leben aber seine Form rettete. Als Zeichnung bewahrt das Mammut, was von der Hand blieb, keinen Finger, keinen mürben und keinen abgebrochenen Knochen, hingegen die Linien, die diese Hand in einen Stoßzahn geritzt hat.

Der Holophyg

Obwohl Fluchttier, besitzt der Holophyg einen Stachel, der so tödlich ist wie der des Skorpions, doch verspritzt er nicht nur lähmendes Gift, sondern kann zu einem Horn anwachsen, mit dem sich der Holophyg gegen Angreifer und Eindringlinge wehrt. Auffallend an seinem stromlinienförmigen Kopf die überhängenden Lippen. Sie stammen aus der Zeit der frühen Warmblütigkeit, doch entwickelten sie sich erst zu Reservoirs, als im Tertiär infolge tektonischer Verschiebungen Seen, Sümpfe und Deltas austrockneten. Noch heute übersteht der Holophyg längere Durst- und Dürreperioden, indem er den eigenen Schweiß in die Speicherlippen kanalisiert. Was seinen Wasserhaushalt betrifft, kann er in Extremfällen zum Selbstversorger werden dank der Filtrieranlage seiner Nieren; diese scheiden die Giftstoffe nicht zusammen mit dem Harn aus, sondern getrennt, so daß der Holophyg quellfrisches Wasser von sich gibt, was ihm bei einigen Wissenschaftlern den Ruf eines biologischen Perpetuum Mobile eingetragen hat. Im Gegensatz zum Allesfresser Mensch, der ein Kombinationsgebiß ausbildete, setzt der Holophyg je nach Umstand und Not verschiedene Gebisse ein, Reißzähne, die auch als Säbel und Sägen dienen, hinter ihnen eine Reihe von Zähnen, um Pflanzliches und gar Verholztes zu zermalmen. Charakteristisch sind die beiden zusätzlichen Eck- bzw. Trümmerzähne, mit denen der Holophyg Muscheln und andere Schalentiere knackt, eine Methode, die er ausbildete, als die Erde von Sintfluten heimgesucht wurde. Zum

Fleisch- und zeitweiligen Aasfresser wurde der Holophyg in der Eiszeit, als ganze Gattungen von Tieren ausstarben, die ihrer Nahrungsquelle verlustig gegangen waren. Als sich die Erdpole verschoben und die Eiswüsten auch in die gemäßigten Zonen vordrangen, wuchsen dem Holophyg auf der Unterstirn jene Spürhaare, dank deren Schwingungen er Gletscherflöhe orten kann. Allerdings haben sich im Lauf der nachfolgenden Erdzeitalter die Streulöcher in seinen Fußballen zurückgebildet, durch die er sandkörniges Pulver rieseln ließ, was ihm erlaubte, auf eisglatten Flächen größere Geschwindigkeiten zu erzielen. Solche erreicht er nach wie vor trotz der Säulenbeine, mit denen er niedertrampelt, was ihm im Wege steht. Federnde Dämpfer-Knochen ermöglichen ihm, mitten im Lauf die Richtung zu ändern. Zudem stößt er während des Laufens Schuppen ab, die größere Verfolger zum Stolpern bringen. Durch diesen Schuppenabstoß verringert der Holophyg vorübergehend sein Körpergewicht, was ihm für andere Fluchtmöglichkeiten zustatten kommt. Als untrügliches Gattungsmerkmal besitzt er an seiner oberen Brustpartie zwei sehnendurchsetzte Lappen. In kürzester Zeit kann er diese zu Flossen aufblasen, was ihm gestattet, Bäche und kleinere Seen zu durchschwimmen bzw. zu durchpaddeln. Die gleichen Wülste dienen auch als Flügel, so daß er im Hupfflug Gebäude und selbst Hügel überwindet. Sobald der Holophyg in Sicherheit ist oder sich in Sicherheit wähnt, scheidet er ein Sekret aus, das sich an der Luft augenblicklich verpanzert. Aus der mittleren Kreidezeit stammen die beiden Schließmuskeln am Ende des geschuppten Rückens; durch ihre Öffnungen stößt der Holophyg mit vulkanischem Schreckgrollen Schwaden aus, deren Dämpfe feindliche Tiere bis zur Blindheit reizen. Jedenfalls kann sich der Holophyg an Ort und Stelle einnebeln, was ihm die Chance gibt, auf den nächsten Baum zu klettern oder sich einzugraben. Dafür stehen ihm ebenso Schaufelklauen zur Verfügung wie Kletterzehen, dank denen er mit Affengeschwindigkeit von Baum zu Baum hangelt. Dem Holophyg, einem Allesflieher, der die Welt als einziges Fluchtrevier betrachtet, eignet die weitestgehende Kombination von Rettungsmöglichkeiten: er kann laufen, Gift spritzen und sich einnebeln, schwimmen und fliegen, klettern und sich eingraben. Zur Atomzeit fiel auf, daß Holophyge in der Nähe von Kühltürmen anzutreffen waren, und bei GAUs von Atomkraftwerken machten sie sich an verseuchte Hasen und verstrahlte Pilze; sie flohen, indem sie sich an eine tägliche Dosis Caesium zu gewöhnen versuchten. Doch sind die Holophyge selten in Herden anzutreffen, sie leben solitär oder im Familienverband. Im Gegensatz zu den Tieren, die nur während der Brunst ihre Rituale aufführen, tanzt der Holophyg auch beim Abschied. Männchen und Weibchen vollführen in der Dämmerung einen Reigen, ziehen immer größere Kreise und winken mit ihren Brustlappen, bis sie außer Sichtweite sind. Ungeklärt bleibt, nach welchem Prinzip die Jungen auf die beiden Elternteile aufgeteilt werden und weswegen zuweilen einer der Partner leer ausgeht. Der Holophyg kennt keinen Brunst-Rhythmus. Jede ernste Gefahr löst einen Schub an Sexualhormonen aus und weckt in ihm Fortpflanzungslust, was zur Folge hat, daß er in Krisenzeiten nichts anderes tut als sich fortpflanzen. Man hat die Behauptung aufgestellt, daß die Holophyge sich sogar während des Fluchtlaufes begatten. Sicher aber ist, daß nach bestandener Flucht Männchen und Weibchen sich zusammentun, oft völlig außer Atem und noch Angstschweiß auf der Stirn. Sie streicheln sich gegenseitig mit den Hornballen ihrer Tatzen über die Schuppen, bis diese Wärme abgeben. Aus ihren Augensäcken scheiden sie eine wohlriechende Flüssigkeit aus, während der Begattung lecken sie sich gegenseitig die süßen Tränen weg, so daß das Weibchen trockenen Auges ist, wenn es empfängt. Das Biotop des Holophyg besteht aus lauter Lettern und nimmt im Folioband eines Bestiariums eine gute halbe Seite ein.

Das Untier und der Heilige

Seine Beine sind gedrungene Säulen; sie halten nicht nur den Bauch, der schwer zwischen ihnen hängt und von dem Zitzen und Stacheln abstehen, sondern sie tragen eine Last. Auf dem Tier steht ein Heiliger. Der Rücken ist so breit, daß der Heilige nicht balancieren muß; wenn er einen Arm ausstreckt, tut er dies nicht wegen des Gleichgewichts, sondern weil er in die Luft hinaus segnet. Er steht da, als sei er eben aus der Wand herausgetreten. Das Tier scheint sich und seinen mollig geschwollenen Leib schütteln zu wollen, doch der Fuß des Heiligen tritt dem Tier in den Nacken. So duckt es sich und läßt an seinem Hals Wülste von Schwielen wachsen. Es wehrt sich nicht gegen den Fuß, der sich mit einer Sandale unverrückbar gegen seinen Nacken stemmt. Von dem Fuß sieht man unter dem Riemen der Sandale nur die Zehe; die Kutte des Heiligen reicht vorn bis zum Rist. Sie fällt auf beiden Seiten so tief, daß sie fast den Tiernacken berührt, doch läßt das härene Gewand einen kleinen Spalt von deutlicher Distanz zwischen sich und dem tierischen Fell. So viel die Kutte auch verdeckt, über den Hinterschenkeln ist ein Schwanz erkennbar; dieser kringelt sich gegen den Absatz der Sandale und stellt dort sein borstiges Ende, als wolle das Tier mit dem Ringelschwanz dem Heiligen unter die Kutte schauen. Doch vermeidet es jede Bewegung, die den Heiligen ins Schwanken bringen könnte. Das eine Ohr ist eingeklappt und das andere aufgerichtet; aus ihm schaut eine Fratze heraus, auf deren Stirn etwas wächst, von dem nicht klar ist, ob es Warzen sind oder Teufelshörnchen. Prall gespannt sind seine Wangen, als hätte es, was ihm zuletzt ihm Maul blieb, nicht geschluckt, sondern zurückbehalten, um für das Leben mit dem Heiligen etwas zwischen den Zähnen zu haben. Die Wangen des Heiligen hingegen sind fromm eingefallen, und die Backenknochen geben seinem Gesicht die asketische Form; sein Mund ist nur so weit geöffnet, daß ihm ein Hosiannah entsteigen kann. So hager und mager die Gestalt des Heiligen ist, sie besitzt dennoch Gewicht, das lastet. Um dieses aufzufangen, steht das Tier breitbeinig da. Es schnüffelt, auch wenn der Boden, den es mit seinem stumpfen Rüssel absucht, nur eine steinerne Konsole ist. Es leckt mit der Zunge über die Lippe und streckt sie gleichzeitig lüstern heraus, als wolle es alles lecken, was ihm über den Weg läuft, auch die Tauben, die auf den Kriechblumen des Ziergiebels sitzen. Es äugt nach der Schlange, die aus ihrem geöffneten Mund Wasser speit. Am Tier selbst läuft der Regen ab, der bereits am Heiligen ablief. Das Tier richtet seine Kulleraugen in die Tiefe, wohin das Wasser fällt; es späht nach den Dächern und engen Gassen und möchte erfahren, was sich unter den blutfarbenen Ziegeln tut und was in den dunklen Winkeln passiert. Doch mit dem einen Auge schielt das Tier nach oben, als genüge ihm der Druck im Nacken nicht als Bestätigung dafür, daß der Heilige noch immer auf dem Rücken steht, als wolle es sich vergewissern, ob er nicht Flügel angesetzt habe und mit ihnen entschwunden sei. Doch auch der Heilige schielt unter seinem Baldachin. Sein Blick ist zwar himmelwärts gerichtet, er durchdringt die Wolken, die als flügellose Engel dem Himmel näher sind, nach dem er Ausschau hält. Aber er schaut gleichzeitig nach unten, um sich zu vergewissern, ob das Tier noch da sei, auf dessen Nacken er seinen Fuß setzte, und ob es nicht in einem Moment, unbewacht vom Gebet, auf die Erde zurückgesprungen sei. Allerdings schaut der Heilige, ein Buch mit sieben Siegeln an seine Brust drückend, nicht ganz nach unten, sondern nur bis zum Strick, den er sich um seine Lenden gebunden hat, als beginne das Tier schon unterhalb des Gürtels und gehöre ihm jener Teil der Kutte, über den das Ende des Büßerstricks hängt. So treffen sich Untier und Heiliger in einem Symbiosenblick zwischen Erde und Himmel, ein Untier, das weiß, daß es ohne den Heiligen nie zu einem Platz an der Fassade einer Kathedrale gekommen wäre, und ein Heiliger, der sich bewußt ist, daß er ohne das Tier nicht sichtbar machen kann, wie er sich von dieser Erde abhebt, indem er seinen Fuß auf einen animalischen Nacken setzt. Die beiden Blicke treffen sich beim Büßergürtel des Heiligen. Hier schlug einst der Splitter eines Geschosses ein, der sich bis in diese Höhe zwischen die Halbrundsäulen verirrte. Erdpartikel, die unterwegs in der Luft waren, vernarbten die Einschlagstelle, und der dünnen Schicht flog ein Samen zu. So wächst aus dem Bauch des Heiligen zerzaustes Unkraut von unschuldigem Grün. Ansonsten teilen sich Tier und Heiliger in Wind und Wetter und reagieren gemeinsam auf Sonne und Sturm, gegen die Verwitterung sich gegenseitig die Treue haltend. Sie sind aus demselben Block Sandstein gemacht, der dem Meissel ermöglichte, die strenge Tonsur des Heiligen mit der gleichen Feinheit zu ziselieren wie die Locke, die dem Tier von der Stirn verführerisch über das schielende Auge hängt.

Im Zeichen des Steinbocks

Wie der Steinbock auf einsame Höhen klettert, steigt auch der im Zeichen des Steinbocks Geborene hinauf, Stockwerk um Stockwerk bis zur Chefetage, und sei es nur, indem er jeden Tag bei jedem Wetter pünktlich den Lift nahm. Der Steinbock steht auf einem einsamen Felsen oder auf einer überhängenden Kanzel und schaut in die Schründe und Geröllhalden, dorthin wo der Wald beginnt, zu den Stahl- und Glasfassaden der Nachbarhochhäuser, über das Flachdachgebirge der City, aus dem die Gipfel der Konkurrenz hochragen, bis hinunter in die Straßenschluchten. Daß er zum Erreichen seiner exponierten Stellung Ausdauer und Zeit brauchte, zeigt schon sein Geweih mit den Jahrringen, den ineinandergeschachtelten Horntüten und den Einschnürungen mit den Zierwülsten und dem Firmensignet drauf. Sein Geweih ist mächtiger als das der Gemsen und Hirsche, die sich gelegentlich in solche Höhen verirren, und als das all derer, die im Besucherzimmer warten. Mit seinen dreieckigen Hörnern holt der Steinbock weiter aus als die Hausziege. Nun genügt es ihm nicht, bloß Bock zu sein, deswegen riecht er nicht wie der Ziegenbock penetrant nach Bock. Sein Aftershave ist eher lammfromm, und er hat auch nicht einen auffälligen Bart, sondern einen kurzen, der am Hals Platz frei läßt für Krawatte und Schlips. Saisonbewußt trägt er zur Sommerdecke Sommerwolle und Winterwolle zur Winterdecke, die er mit einer weißen Krause schmückt. Unabhängig von der Saison steht er oben, den gedrungenen Körper auf seine stämmigen Vorderbeine gestützt, manchmal noch lange nach Geschäftsschluß, über sich nur den Himmel und an ihm die Fixsterne, die Zeichen bilden, auch das des Steinbocks, und in weiter Ferne Saturn. Bei seinem Klettern waren dem Steinbock die Afterklauen eine zusätzliche Hilfe, und diese prägen das Trittsiegel, wie man es in den Protokollen, den Kommissionsberichten und in der Jahresrückschau findet. Kein Wind und kein airconditioning können ihm etwas anhaben – unter ihm die Alpen, wo die Schafe und Rinder sömmern und wo die Großraumbüros sind für Bestellung und Versand, die Ställe mit den Planungstischen und die Schober mit den Computern, dort, wo der Enzian wächst und Sekretärinnen Grünpflanzen begießen, noch weiter unten die Portierloge, die Schalter und der Paß mit den Reisebussen, und auf den hochgelegenen Sohlen der Seitentäler die Filialen. Zu ihm führt trotz Aufzug, Treppe und Feuerleiter kein Saumweg und kein Wanderweg; jeder Bergpfad hört vorher auf, auch wenn sie anfingen, Seilbahnen und Skilifte zu bauen. Obwohl er seinen täglichen Wechsel kennt zwischen Schollengrat und Fluh, vom Ruheplatz zum Arbeitsplatz, vom Büro ins Vorzimmer und vom Vorzimmer in die Managerecke der Kantine, der Steinbock ist ortstreu und firmenergeben. So wuchtig sein Geweih sich ausnimmt, er ist nicht agressiv; er läßt Partner und Feinde nahe an sich herankommen; begibt er sich auf Fluchtdistanz, hält er immer wieder inne, blickt zurück und schaut im Terminkalender nach. Er ist heimlich feist, er legt nicht dort seinen Vorrat an, wo man ihn auf den ersten Blick erkennen würde, obwohl das Fett bis zu einem Drittel seines Gewichts ausmachen kann. Er verteilt seine Konten auf den Nacken und unter das Bauchfell, legt der Rückenlinie und dem Brustbein entlang Polster an, man findet seine Beteiligungen um die Niere herum und im Gekröse sicher Spesenansätze. So ist er für die karge Zeit gerüstet, ob für Winter oder Baisse. So sehr er vorerst einmal vorsorgt, er ist kein Kostverächter; er mag die Leckplätze der nouvelle cuisine und sucht zur Befriedigung seiner Salzlust Staudämme auf, wo der Beton Salpeter ausschwitzt. Obwohl er sich in seiner Höhe einsam weiß, er ist ein geselliges Wesen. Er liebt seine Population, das Rudel zu Hause und das Bocksrudel eines Teams; er spricht mit dem Personal und nimmt teil am Firmenausflug zum nächsten Querriegel. Auch wenn er am Morgen allein in die Weite schaut, wo mit der Röte die Sonne und die Umsatzkurve aufgehen, er denkt an die Gemeinschaft, auch wenn der Alpensegen ertönt und der Jodel der Bilanz. Er ist für die Regelung von Unternehmen und Gesellschaft, und wenn es sein muß, für die Maßregelung, stets eingedenk der gemeinsamen Gefahr, ob Steinschlag oder Dollarsturz. Er ist auf Stabilisierung bedacht, seine Kolonie gedeiht auf Ur- und Sedimentgestein. Er hält sich mit Vorliebe auf den nach Süden gerichteten Hängen auf, wo auch die Ferienhäuser und die Blöcke mit den Zweitwohnungen stehen, und auf dem der Sonne zugewandten Gelände sucht er im Winter seinen Einstand, wegen der Lawinengefahr nicht ungern im Rücken eine Steilwand, an der kein Neuschnee kleben bleibt, die Runsen meidend. In diesem Einstand begattet er um den Jahreswechsel die Steingeiß und lebt bis zum Frühling in gemischter Bocks- und Geißengemeinschaft. Wenn aber mit dem Spätfrühling die Setzzeit kommt, klettern die trächtigen Geißen zu höheren und unwegsamen Stellen und richten sich außerhalb der größeren Verbände ein. In der letzten Mai- und in den beiden ersten Juniwochen setzen sie ihr Kitz. Die Steinböcke kommen im Zeichen der Zwillinge auf die Welt. Nicht der bedächtige Wanderer Saturn bestimmt die Konstellation, sondern der pressierte Umbahnläufer Merkur. Die Steinböcke halten denen, die in ihrem Zeichen geboren werden, die Schwermut zu; ihnen selber aber ist Leichtmut und Leichtsinn verheißen. Während sie für andere Blei bedeuten, ist ihnen das Quecksilber vorbestimmt. Als Zeichen verweisen sie auf die Erde, als Lebewesen auf die Luft. Es ist diese Luft, gegen die sich der Steinbock abhebt, wenn er auf einer Felsenkanzel steht, über sich nur noch den Himmel. Es ist aber auch die Luft, in die der Steinbock stürzt, wenn sein Hornschuh am vereisten Felsen abgleitet. Aufschlagen tut er auf dem Element Erde, das unabdingbar zu seinem Zeichen gehört.

Eine letzte Situation

Und was wäre mit den Sardinen? Ihr Schwarm ist groß wie eine Konservendose. Köpfe und Schwänze abgehackt, mit und ohne Gräte, liegen sie beisammen, Silberhaut an Silberhaut, dank dem Olivenöl sich nicht aneinander reibend, nie so eng geschwommen wie hier, luftdicht vereint und eingelötet. Und was wäre mit dem Spatz? Seine Vorfahren nahmen das Schiff, da ihnen die Ozeane zu breit waren, um sie zu überfliegen, sie folgten dem Menschen auf die Berge und zum nächsten Kontinent, an den Rand der Wüste und in den Norden hinauf. Er, ein City-Sperling, folgte dem Menschen auf den Parkplatz. Für das Wochenende wählte er einen vor dem Supermarkt und für die Werktage einen zwischen Verwaltungsgebäude und Bürohochhaus. Hier hüpft er bereits am frühen Morgen und wartet, bis Wagen geparkt werden. Sogleich macht er sich an den Kühler, pickt durch den Grill an den Waben, sucht die Windschutzscheibe und die Scheibenwischer ab, holt sich eine Libelle von einem Jaguar und eine Mücke vom umklappbaren Stern, und hält sich länger beim Sportmodell auf, wo Scheinwerfer und Stoßstange vollgeklebt sind – Insekten und Samen, serviert auf lackiertem und verchromtem Blech, zwischen Beton, Stahl und Glas. Und was mit der Gans, die sich beim Onkel Veterinär anstellt, wie sie sich immer und überall anstellte? An den Gänsemarsch gewohnt, schnattert sie auch jetzt in einer Reihe und verstummt erst, als der Mann im weißen Kittel sich ihrer annimmt. Wie sie erwacht, möchte sie das Pflaster vom Kopf abschütteln. So benommen sie ist, sie hat nur Zeit für ihren Hunger und keine Minute für unnütze Bewegungen, die sie vom Fressen abhalten könnten, und hat sie aufgefressen, was vor ihr in der Futterrinne lag, schnappt sie nach rechts und nach links, wo andere Gänse, die mit ihr in der Reihe standen, alles leergefressen haben. Obwohl ihr Magen fast platzt und sie nichts mehr in den Kropf zu stopfen vermag, sucht sie nach Sojaschrot und noch mehr Mais. Seit der Onkel Veterinär ihr einen kleinen Schnitt im Sättigungszentrum ihres Hirns appliziert hat, tut sie nur noch eines: Eine Meisterin im Hungerhaben, ist sie Spezialistin geworden und bildet als Spezialität ihre Leber aus. Aber hätte nicht auch die Schlange ihre Situation verdient? Doch welche Schlange wäre gemeint? Die einem Gott und seinen Geschöpfen das Paradies verdarb und seither Staub frißt? Oder jene, die vom Himmel Federn erhielt und als gefiederte Schlange eine Wohltäterin wurde, die dem Menschen unter vielen Künsten auch die des Kalenders beibrachte? Oder die mit einer Astgabel im Genick gefangen und zerstückelt wird, oder die in der Schlangengrube eines Instituts kriecht und aus dem schlüpfrig-kalten Gewimmel nur herausgegriffen wird, damit man ihr das Gift aus den Zähnen melken kann? Oder jene Schlange, die einen emporhob, der meditierte und nicht merkte, wie das Wasser um ihn stieg, und der inmitten der Flut weiter meditierte und, indem er über alles nachdachte, auch über die Schlange nachdachte, die er nicht zur Kenntnis genommen hatte? Oder ist jene gemeint, die sich ein Leben lang häutete und der am Ende mit einem Messer die Haut vom Leib gezogen wurde? Was aber, wenn die schlangenklugen Schlangen schon nichts gegen den Rufmord ausrichten? Wie sollen da die Fledermäuse sich gegen üble Nachrede wehren und ihre nackten

Flügel vom Teufel zurückfordern, der ihnen abschaute, wie man aus den Knochen der Gliedmaßen und des Schwanzes ein Spanngerüst für Flughäute baut? Sie könnten vielleicht zur Notwehr in einer Fabel einen chinesischen Anwalt verpflichten, der einem nach Knoblauch riechenden Gericht darlegte, daß auf Mandarin Fledermaus Glück bedeutet, nicht weil das Glück flatterhaft ist, denn die Flatterhaftigkeit der Fledermaus ist kalkulierte Behendigkeit, sondern weil das Glück lichtscheu ist: das Tier des Glücks sei ein Flugtier und zwar eines, das an den eigenen Füßen aufgehängt schläft, weil auch beim Glück des Menschen die Welt auf dem Kopf steht. Nein, an Situationen fehlt es nicht, zumal die Tiere nicht nur von Jägern mit Netzen eingefangen und in Fallgruben gelockt werden, auch Prediger und Propheten sind Fallensteller, und mit ihnen sind Poeten auf Tierfang aus und einige mit der noch nicht überall verbotenen Drahtschlinge. Während nach dem Willen des einen Lyrikers die Lerche strophenweise emporsteigt und im azurnen Himmel mit ihrem Trillern die Schöpfung preist, läßt ein anderer Dichter im Bauch der Lerche den Wurm mitfliegen, der zu keinem Reim kam und ohne Versfuß kroch. Und was mit dem Tier, das nicht in einer Anthologie fliegt, sondern im Lexikon ein paar Zeilen bewohnt? Das Tier zum Beispiel, das zur Ordnung der Hymenoptera gehört und wegen seines Wehrstachels zur Unterordnung Apocrita und zur Überfamilie der Apoidea, ein Tier, das man alphabetgerecht unter ›A‹ nachschlägt, da es ›apis mellifica‹ heißt, das jedoch auch nicht reagiert, wenn man es einheimisch ›Honigbiene‹ ruft. Aber ergäbe nicht auch ein Einmachglas mit einem Leiterchen eine letzte Situation? Klettert der Frosch, verheißt er Schönwetter, obwohl er gewöhnlich auf dem Grund im Tief seiner Schlechtwetterzone hockt. Und was, wenn die letzte Situation nicht ein Einmachglas wäre, sondern eine Buschtrommel, in die ein Schimpanse gepreßt wurde, der sich während des Flugs aus Afrika einen Finger abbiß und am Zoll trommelte, weil er zu früh aus der Narkose erwachte wie die Papageien im doppelten Boden eines Koffers. Eine allerletzte Situation für die, welche den Transport nicht überstanden, und eine vorläufige für andere wie zum Beispiel die Leguane, die, als Nähmaschinenbestandteile deklariert, aus einer Kiste zwischen toten Weggefährten hervorkrochen. Sie, die alle in einen Tierraum kommen, wo schon ein Köter bellt, der darauf wartet, vom Ferienhund zum Haushund zu werden, wo Austern zwischen Eisbeuteln und Seetang zur Abfertigung bereitliegen, und die Riesendosen mit den Stierejakulaten darauf hin geprüft werden, ob sie die vorgeschriebenen hundertsechzig Grad Minus aufweisen. Oder sollte die letzte Situation eine kaum mögliche sein? Während drinnen im Saal, vom Orchester begleitet, die Welt als Arie und Duett und im Chor über die Bühne geht, beginnen in der Garderobe an den Kleiderhaken Mäntel, Capes und Stolen miteinander zu flüstern. Dem Robbenjungen, das von den Knüppeln erzählt, auch von denen, die erst beim dritten und vierten Mal treffen, hält der Persianer entgegen, wie er, aus dem Mutterleib geschnitten, das Licht des Kürschners erblickte, und beide versucht der Rotfuchs zu übertrumpfen, der im Tellereisen eines Hobbyjägers gefangen, zu einem Züchter kam, ein Auftrumpfen, bei dem bald nichts mehr zu verstehen ist, da die sechzig Nerze, die einen einzigen Mantel abgeben, gleichzeitig zu reden anfangen, von ihren Käfigheimen und davon, daß sie dank eines Modetrends und einer gezielten Mutation zu ihrer beigen Farbe gekommen sind. Nur der Ozelot schweigt und auch das gefärbte Kaninchen, aber dieses aus andern Gründen. Ein pelzweicher Streit, von dem sich die Garderobenfrau nicht stören läßt; über ein Kreuzworträtsel gebeugt, setzt sie für Grautier mit vier Buchstaben ›Esel‹ ein. Aber andererseits – was ist mit dem Hahn, der zur Zeit der Frühnachrichten kräht? Ki – er ist eben aufgestanden, unbekümmert um Attentat und Ölpreis, nicht über einen Lautsprecher, sondern über seinen Schnabel tut er kund, daß es ihn gibt, und heute mehr noch als gestern kiki-kiki, Prominentenhochzeit hin und Überschwemmung her, wenn auf diesem Terrain zwischen Stall und Bach gescharrt wird, ist er es, der scharrt, und all die, die jetzt von den Stangen hüpfen, die Getretenen und die Nichtgetretenen, all die Glucken mit den eidottergelben Küken, ein gackerndes und piepsendes Hühnervolk, in dem nur einer kräht, er, Kikerikiki-kikeriki, ungeachtet der Rentenkürzung und der Goldmedaille, er wacht darüber, wer Federn läßt und wer sie behält, vom Alpha-Huhn bis zur Omega-Henne, mit der demokratischen eierlegenden Mitte, wo jedes, das beim Piesacken getreten wird, das unveräußerliche Recht hat, ein anderes zu treten. Mit seinem Kikerikieren gibt er dem Mond das Zeichen zu verblassen und ruft die Sonne, mit der er per Du ist, auf daß ein neuer Tag beginnt, und mit ihm die ewige Hackordnung. Warum aber nicht als letzte der letzten Situationen ein Lamm? Die Nabelschnur eben durchgebissen. Am Boden, den Kopf bereits gehoben, das Junge, das blökt. Die Alte leckt es sauber von Blut und Schleim und trocknet mit der Zunge das verklebte Fell. Das Lamm stemmt sich auf unsicheren Beinen hoch und sucht zwischen Grasbüscheln Halt. Die beiden beschnuppern sich. Die Alte schubst das Lamm mit der Nase gegen ihr Euter, mit durchgedrücktem Nacken versucht es zu saugen. Es knickt ein und richtet sich auf und blökt und tut einen ersten staksigen Schritt, um mithalten zu können. Doch welches Lamm wäre gemeint? Das mit den andern zur Sömmerung auf die Alp zieht? Oder das in der Karwoche geschlachtet, an Ostern gegessen wird, am Tag der Auferstehung?

Diese Geschichten sind Herkules gewidmet, dem schwarzen Kater, der über Dächer und Terrassen klettert und mich gelegentlich aufsucht, um zu schauen, ob es mich noch gibt, und dem ich hinterher gleichgültig bin, der aber, bevor er in die Nacht hinausgeht, zurückschaut und manchmal wartet, ob ich ihm ins Dunkel folge, und der in diesen Momenten ägyptisch spricht.

Hugo Loetscher im Diogenes Verlag

Die Fliege und die Suppe

und 33 andere Tiere in 33 anderen Situationen
Fabeln. Leinen

Einst hatten die Tiere Charakter, dann erging es ihnen wie den Menschen, sie fingen an, sich zu verhalten.

Die Geschichten, die Hugo Loetscher erzählt, sind Verhaltensfabeln. Die Tiere reden nicht wie Menschen, sondern sie benehmen sich wie Tiere. Allerdings in Situationen, die sie nicht immer selber ausgesucht haben, wie das Maultier im Militärdienst oder der Pudel auf der Schönheitskonkurrenz, der Affe in der Rakete oder die Ratte im Labor. Situationsfabeln, deren Moralität in der Darstellung liegt.

Eine ›Comédie animale‹ von Hugo Loetscher, »einem der interessantesten Autoren unserer Zeit«.
Rias, Berlin

Vom Erzählen erzählen

Über die Möglichkeit, heute Prosa zu schreiben
Münchner Poetikvorlesungen. Mit einer Einführung von Wolfgang Frühwald. Broschur

Vom Erzählen erzählen – diesen Titel wählte Hugo Loetscher für seine Münchner Poetikvorlesungen. Im Zentrum steht das Handwerk: »Poetik als Baugrube und Bücher als Boden unter den Füßen«. Indem Loetscher anhand von Beispielen aus seinem Schaffen arbeitet, entsteht zugleich ein faszinierender Kommentar zum eigenen Werk. So konkret die Ansätze seiner poetologischen Überlegungen sind, sie führen zu grundsätzlichen Fragen wie zur Ironie – die die Fiktion stets daran erinnert, Fiktion zu sein –, zur Simultaneität, Überlegungen zu einer Sprache, die nicht nur »einen Mund hat, sondern auch Ohren«, oder zum

Verhältnis von Metapher und Begriff. Aber auch dort, wo Loetscher Theoretisches aufgreift, bleibt er immer zugleich Erzähler, so daß seine Vorlesungen auch ein Stück erzählender Literatur sind.

»Wenn Loetscher von sich selbst als von ›unserem Autor‹ spricht, ironisiert er noch einmal den Ironiker. So erzählt heute ein Erzähler, ohne den Kopf zu verlieren, vom Erzählen.« *Süddeutsche Zeitung, München*

Wunderwelt

Eine brasilianische Begegnung. detebe 21040

Die Begegung eines Europäers mit den Mythen von Leben und Tod einer fremden Kultur: eine Hymne, aber noch mehr eine Elegie, geschrieben für ein kleines Mädchen.

»Ich würde *Wunderwelt* gerade auch besonders viele junge Leser wünschen. Nicht nur weil Loetscher die Sprache fand, um die Wirklichkeit bis in Nuancen genau so darzustellen, daß man ganz in sie hineingenommen wird. Sondern auch wegen einer Geisteshaltung, ohne die dieses Buch nicht hätte geschrieben werden können... Statt ›Wunderwelt‹ könnte dieses Buch auch ›Die Fähigkeit zu trauern‹ überschrieben sein.«
Deutsches Allgemeines Sonntagsblatt

Noah

Roman einer Konjunktur. detebe 21206

Loetscher erzählt die Geschichte eines Mannes, der die Konjunktur anheizt mit seinem Plan, die Arche zu bauen. Niemand glaubt im Ernst an die kommende Flut, aber alle machen mit ihr Geschäfte. Die Wirtschaft blüht auf und überschlägt sich schließlich in Skandalen. Nicht nur im Geschäftsleben, auch im Kulturbetrieb, auf den Streiflichter fallen, zeitigt die Konjunktur ihre unerfreulichen Begleiterscheinungen.

Noahs Lage verschlimmert sich aus vielen Gründen, so daß einer zuletzt sagen kann: »Jetzt kann ihn nur noch die Sintflut retten.«

Herbst in der Großen Orange

detebe 21172

»Hugo Loetscher ist mit *Herbst in der Großen Orange* ein großer Wurf gelungen. Der dritte Satz schon ist der erste hintergründige, denn das ›Grün‹ ist künstlich, wie fast alles in dieser Stadt. Auf 165 Seiten enttarnt Loetscher eine Scheinwelt, reiht ein sprachliches Kabinettstückchen ans andere, ist mal lyrisch, mal satirisch. Immer aber schwingt eine heitere Melancholie mit, angesichts einer Menschheit, die nicht mehr so recht weiß, wo's langgeht.« *Stern, Hamburg*

»Loetscher begegnet den Erscheinungen der Endzeit mit jenem Sarkasmus, seit je dem Absurden gemäß ist. Auch da bewährt sich das Subjekt als die Instanz, die die ›Schnitze‹ zusammenhält und in eine geschlossene Form fügt. Der Imagination des Schriftstellers gelingt es dabei, die Künstlichkeit umzuwandeln in Kunst.« *Neue Zürcher Zeitung*

Der Waschküchenschlüssel

oder Was – wenn Gott Schweizer wäre

detebe 21633

»Loetscher ist ein bedeutsamer Schweizer Erzähler und Romancier, der auch als Journalist arbeitet und zudem die Welt kennt. Weshalb er in hohem Maße befähigt ist, die Sonderform der menschlichen Existenz unter schweizerischen Vorzeichen aufzuspießen, wie er es in den Aufsätzen dieses Bandes tut. Er hat einen famosen Sinn fürs Anekdotische und Skurrile, einen scharfen Blick, gepaart mit einem gänzlich unhysterischen, natürlichen Ton. Zum Schluß der Lektüre meint man, den Abend mit einem Freund verbracht zu haben, dem man gern länger zugehört hätte. Wer schreibt uns so trefflich, so distanziert und aus liebevoller Nähe über die Italiener? Die Franzosen? Uns in der Bundesrepublik?« *Titel, München*

Der Immune

Roman. detebe 21590

»Noch bevor manche jüngeren Autoren und Autorinnen Literatur als Mittel zur Erforschung und Bewältigung des eigenen Lebens entdeckten, setzte Hugo Loetschers *Der Immune* einen Maßstab, vor dem nicht gar so viele bestehen. Ein Muster und deshalb auch heute noch aktuell, weil es hier einer verstand, in der selbstkritischen Beschäftigung mit dem Ich auf geistreiche, witzige, eloquente Art den Blick freizugeben auf die Epoche, in der dieses Ich sich formte und in der es lebt.« *Tages-Anzeiger, Zürich*

Die Papiere des Immunen

Roman. detebe 21659

»Der Immune ist in jedem Fall ein überaus witziger und intelligenter Herr, ein weitgereister, gebildeter Gesprächspartner, elegant und originell – ein durchaus passabler Gefährte für ein Buch von 500 Seiten. Ein Buch voll von schönen und abstrusen Geschichten, die einen wuchtigen Kosmos bilden; und obwohl der Immune vorgibt, seinen Wohnsitz im Kopf zu haben, sind diese Papiere alles andere als kopflastig.«
Westermann's, München

»Ein weises Buch und eines voller blendend erzählter Geschichten noch dazu.« *Die Weltwoche, Zürich*

Abwässer

Ein Gutachten. detebe 21729

»Dieses Buch ist ein Geheimtip. Man sollte eigentlich nicht darüber schreiben, man sollte darüber flüstern zu jenen wenigen Lesern, die innere Muße aufbringen können für ein explosives, destruktives und großarti-